AF137997

Mobitecture

Mobitecture
Mobile Architektur

Rebecca Roke

Mobile Architektur

Mobile Architektur ist ein weltumspannendes und jahrhundertealtes Phänomen. An Beduinenzelten, die seit 1000 Jahren in Nordafrika benutzt werden, kann man zum Beispiel gut sehen, wie kreativ sie sein kann und welche Freiheiten sie ihren Nutzern gewährt. Die Zelte werden aus Ziegenhaar auf zerlegbaren Webstühlen gewebt und bieten Schutz gegen Wind und Sand, die eine der ungastlichsten von Menschen bewohnten Gegenden prägen. Ebenso mobil ist die zentralasiatische Jurte. Sie wird seit Tausenden von Jahren aus Holz und Filz hergestellt und von nomadischen Hirten genutzt, die sie je nach Jahreszeit auf neue Weidegründe versetzen. Näher am Polarkreis ist eine andere, ebenfalls von nomadischen Völkern entwickelte Behausung zu finden. Das Tipi besteht aus einem hölzernen Kegelgerüst, das mit Tierhäuten oder Baumrinde bedeckt wird. Es lässt sich leicht auf- und abbauen und transportieren. Diese Beispiele sind typisch für den Einfallsreichtum und die Zeitlosigkeit beweglicher Architektur.

Seit ein paar Jahrzehnten begegnet uns mobile Architektur vor allem in Form von Zelten und Wohnwagen. Vom klassischen taubedeckten Schutzbau aus Zelttuch bis hin zu Teardrop-Wohnwagen und stromlinienförmigen Airstream-Anhängern im Retro-Stil – immer ist ihnen das Versprechen der Befreiung von den alltäglichen Verpflichtungen immanent.

Mobitecture zeigt mehr als 250 Beispiele mobiler Architektur aus der ganzen Welt, die sich rollen, aufblasen und entfalten lassen, die auf Kufen gleiten oder auf dem Wasser schwimmen: eine spektakuläre Sammlung von zumeist bewohnbaren Objekten, in denen man feiern, leben, arbeiten oder zur Ruhe kommen kann.

Einer der Gründe für die anhaltende Faszination beweglicher Behausungen liegt vermutlich darin, dass sie uns von den Zwängen des Alltagslebens befreien. Sie sind variabel, leicht, den jeweiligen Umweltbedingungen gut anzupassen und können überallhin mitgenommen werden: Diese Eigenschaften der „Mobitecture" stellen das Gegenteil unseres stationären, durch Stein und Mörtel begrenzten Daseins dar. Im Manifest der futuristischen Architektur von 1914 ist zu lesen: „Wir haben in der Tat den Sinn für das Monumentale, das Wuchtige und Statische verloren und unser Empfinden durch den Geschmack am Leichten und Praktischen, am Vergänglichen und Raschen bereichert."[1] Der anhaltende Reiz beweglicher Behausungen zeigt, dass diese Gedanken auch nach über 100 Jahren noch aktuell sind.

In der Vergangenheit wurden bewegliche Unterkünfte meist gebaut, um Schutz vor der Witterung zu bieten und den Wanderzügen von Tieren folgen zu können. Heute ist zu beobachten, dass die Zielorte von

Migrationsbewegungen vor allem städtische Zentren sind. Es gibt viele unterschiedliche Motive für diese Wanderbewegung in die wachsenden Großstädte. Es sind vor allem kriegerische Auseinandersetzungen, wirtschaftliche Not und Naturkatastrophen, die Flüchtlinge auf der Suche nach einem besseren Leben zur Abwanderung zwingen. Hinzu kommen die von Michael Kimmelman „Mittelklasse-Migranten" genannten gebildeten Individuen auf der Suche nach neuen Erlebnissen.[2] Unabhängig von den Gründen ziehen so nach Schätzungen der Internationalen Organisation für Migration (IOM) jede Woche etwa drei Millionen Menschen in die Großstädte.[3]

Die finanziellen und architektonischen Zwänge, die die Raumnot in den Städten mit sich bringt, sind enorm, und so überrascht es kaum, dass viele der in *Mobitecture* vorgestellten Projekte Antworten darauf sind. Der IOM-Bericht stellt fest: „Die wachsende Bevölkerung der Großstädte übt starken Druck auf deren Infrastruktur, Umwelt und soziale Struktur aus."[4]

Obdachlosigkeit

Die Verstädterung ist eine der großen Herausforderungen des 21. Jahrhunderts, und Werke wie die des Künstlers Winfried Baumann, die sich mit Obdachlosigkeit auseinandersetzen, geben Hinweise darauf, wie mobile Architektur einen Beitrag zur Linderung des Leids von Menschen, die von städtischer Überbevölkerung und steigenden Lebenshaltungskosten betroffen sind, leisten kann. Seine Arbeiten wie Portable Housing Space (Seite 93) und der I-H Cruiser (Seite 132) sind bewegliche, praktische und menschenwürdige Konstruktionen, die durchdachte Alternativen für jene bieten, die über keine finanziellen Mittel verfügen.

Auch Hwang Kims Projekt Cocoon (Seite 30) setzt sich mit dem Schutz und der Privatsphäre der Obdachlosen auseinander. Er verwendet auf geschickte Weise das allgegenwärtige und oft kostenlose Material Karton. Kim hat ein System von vorgegebenen Faltlinien entwickelt, die den Bau einer behaglichen, wenn auch einfachen Unterkunft aus einem Stück Karton ermöglichen. Mobile Architektur mit sozialem Bewusstsein ist auch das Thema des einfallsreichen Designers Gregory Kloehn, dessen Laufbahn mit der Wiederverwendung von gebrauchten Materialien begann. Sein Homeless Homes Project (Seite 184) entwickelte sich aus einer verrückten Idee zu einem Wohltätigkeitsprojekt, das schon mehr als 45 wetterfeste kleine Hütten auf Rädern an Obdachlose gespendet und ihnen so Sicherheit und Stolz zurückgegeben hat.

Politische Migration

Die dringenden Bedürfnisse von Menschen, die aufgrund politischer Instabilität zur Migration gezwungen sind, wirken sich ebenfalls immer stärker auf die Städte und auf die Antworten aus, die Designer auf diese Herausforderungen suchen. Das Grundbedürfnis nach Behausung – und der durch ihr Fehlen verursachte Verlust an Menschenleben – werden in der syrischen Flüchtlingskrise nur allzu deutlich. Dieser traurige Anlass hat viele Designer zu zahlreichen neuen Ideen inspiriert. Zu den jüngeren Projekten in *Mobitecture*, die auf die Flüchtlingskrise reagieren, gehört eine Kollektion von sieben Kleidungsstücken mit dem Namen Crossing the Boundary (Seite 48) von Angela Luna, die Schutz und Mobilität bieten. Ihre Jacken vereinen die Ästhetik moderner Großstadtkleidung mit den praktischen Erwägungen humanitärer Hilfe und enthalten alles Notwendige sowie Optionen für Zelte, Schlafsäcke, Säuglingstragen und sogar Schwimmhilfen.

Auf ähnlichen Überlegungen beruhten die Vorgaben für Wearable Habitation, ein Projekt von Studenten des Londoner Royal College of Art, das die drei Grundbedürfnisse von Flüchtlingen abdecken sollte: Bekleidung, Schlafplatz und Witterungsschutz (Seite 46). Entfaltet man den aus dem atmungsaktiven Polyethylenmaterial Tyvek hergestellten „Anzug", wird ein knielanger Parka aus ihm. Die Isolierung aus Mylar verhindert die Auskühlung des Trägers. Durch das Schließen einiger Reißverschlüsse entsteht ein Schlafsack und mit dem Einziehen von Kunststoffstä-

ben kann das Kleidungsstück zu einer dreidimensionalen Struktur, einem Zelt, umfunktioniert werden.

Umweltmigration

Neben den Flüchtlingen vor Gewalt gibt es auch Menschen, die vor Umweltkatastrophen fliehen müssen. Das belegen eindeutige Statistiken: In den letzten 20 Jahren ist es auf der ganzen Welt immer häufiger zu Katastrophen gekommen, deren Ursachen im Wetter und Klima begründet lagen. Es ist unwahrscheinlich, dass sich dies ändern wird.[5] Mobile Architektur bietet einzigartige, lebensrettende Lösungen für die Unterbringungsprobleme nach solchen Unglücken: leicht, transportierbar, schnell aufzubauen, stabiler als Zelte und oft preiswert herzustellen.

So zeigen Entwürfe, die nach dem japanischen Erdbeben und Tsunami des Jahres 2011 entstanden, das Potenzial, das mobile Architektur für die Nothilfe in Katastrophengebieten birgt. Architecture Global Aid hat zum Beispiel das Origami Paper House (Seite 20) als leichte, faltbare Lösung aus Karton vorgestellt. Materialwahl und Entwurfsvorgaben dieser Behausungen berücksichtigen die unterschiedlichen Formen von Naturkatastrophen in verschiedenen Regionen der Welt, also etwa die Wahrscheinlichkeit, dass es in Japan nach einem Erdbeben zu einem Tsunami kommt.

Eine andere überzeugende Antwort auf die Auswirkungen der Klimaveränderung ist Warka Water (Seite 44), das leicht zusammenzubauen und zu versetzen ist. Es bietet in trockenen und niederschlagsarmen Gegenden wie Äthiopien lebenswichtige Unterstützung, indem es Wasser in einem Netz einfängt, das von einem Bambusrahmen gehalten wird. Die Konstruktion kann täglich mehrere Liter Regen, Nebel oder Tau einsammeln. Wegen der schwierigen landschaftlichen Bedingungen, unter denen es in der Regel verwendet werden wird, kann es zerlegt, zusammengerollt und von einer Person transportiert werden.

Lösungen für die Katastrophenhilfe versuchen verstärkt, bereits vorhandene Materialien zu verwenden. Studenten der Lebanese American University haben deshalb im Projekt ECS-p1 (Seite 104) einfache Plastikkästen und Kabelbinder zu selbsttragenden Konstruktionen zusammengefügt, die Schatten spenden und Schutz gewähren. Zusätzliche Kästen können als Stauraum und Sitzgelegenheiten verwendet werden.

Kleiner und preiswerter

Mobile Architektur wird auch zunehmend beliebter, weil sie dem Trend zum „Downsizing" entspricht und so Veränderungen in den Lebenseinstellungen der Moderne gerecht wird. Zudem bietet sie wirtschaftliche

Vorteile. Die wachsende Beliebtheit des „Heims auf Rädern" ist vielleicht auf die wachsende Kluft zwischen den wohlhabenden und den armen Schichten zurückzuführen. Die Bewegung hin zu mobilen Behausungen steht aber auch im Zusammenhang mit den steigenden sozialen und ökologischen Kosten von großen Gebäuden. Seit 1973 hat sich die Wohnfläche, die eine Person in den USA beansprucht, fast verdoppelt, und die Kosten des Hauskaufs steigen im Vergleich zum Einkommen unaufhaltsam an, sodass die Suche nach tragfähigen Wohnlösungen immer dringlicher wird.[6]

Oliver James weist darauf hin, dass seit den 1990er-Jahren „der Wunsch nach größeren, luxuriöseren, besser gelegenen Häusern" ein wesentlicher Grund für die gegenwärtige Anspannung auf dem Wohnungsmarkt geworden ist.[7] In den letzten Jahrzehnten ist diese Situation durch Immobilienspekulation noch verschärft worden. Dies hat in der westlichen Welt für viele Menschen dazu geführt, dass der Wunsch nach einem eigenen Heim unerfüllbar ist.

Mobile Wohnlösungen können eine ermutigende Alternative für diejenigen sein, die nicht ein Leben lang Miete zahlen wollen oder die sich den traditionellen Wohneigentumserwerb nicht leisten können.[8] Woody the Trailer (Seite 208), das mit Nadelholz verkleidete Haus auf Rädern der Amerikaner Brian und Joni Buzarde, ist eine beispielhafte Lösung, die das junge Paar länger bewohnen oder bei besseren Einkommensverhältnissen auch verkaufen könnte. Solche Erwägungen liegen oft der Entscheidung zugrunde, eines der vielen in diesem Buch vorgestellten winzigen Mobilheime zu beziehen.

Auch Studenten finden die Idee, ein kleines Mobilheim zu bauen oder zu kaufen, zunehmend attraktiver.[9] Anstatt Geld für eine Wohnung oder einen Wohnheimplatz auszugeben, kann man mit einer mobilen Behausung Geld sparen und hat einen Vermögenswert, der sich später auch wieder veräußern lässt. Solche beweglichen Behausungen ändern zwar nichts an der finanziellen Unausgewogenheit zwischen den Generationen, aber im Vergleich zur Miete bieten sie eine behagliche, bezahlbare und ästhetische Alternative, die zugleich ein Heim und eine Investition darstellt.

Städtische Räume aktivieren

Bewegliche Architektur kann auch nützliche Auswirkungen auf den öffentlichen Raum haben, wo sich Menschen zu Veranstaltungen wie Märkten oder Konzerten versammeln oder einfach nur treffen. In MOTO-Elasticos Projekt Bamdokkaebi Night Market (Seite 219) tragen Rolldächer aus Stoffbahnen mit ihrem Orange zu der lebhaften Straßenszenerie bei, bieten den Verkäufern Platz und ziehen Besucher in das Hafengebiet. Die leich-

ten Metallrahmen in V-Form sind mit Rädern versehen und können nach der Verkaufszeit einfach zusammengefaltet und weggerollt werden. Der People's Canopy des People's Architecture Office (Seite 218) beruht auf einer ähnlichen Idee: Der öffentliche Raum wird mit roten Dachmodulen belebt, die auf Dutzenden von Einrädern transportiert werden.

Das Projekt Refractor der Seattle Design Nerds (Seite 36) wirkt sich ebenfalls aktivierend auf den städtischen Raum aus. Seine wolkige Form aus transparenten und undurchsichtigen Kunststoffplanen bringt die Freude am Aufblasbaren wieder zum Vorschein. Das große kissenförmige Objekt wird zu einem fesselnden Spielort. Es wiegt so wenig, dass es sich auf einem Karren fast überall hinbringen lässt und zur Wiederbelebung wenig genutzter Plätze beiträgt.

Die mobilen Dienstleister, die unsere Lebensqualität erhöhen, steuern auch einen Beitrag zur Belebung der Stadt bei. Die Zahnarztpraxis auf Rädern erspart den Patienten Wartezeit und Parkplatzsuche (Seite 232), ein Büchereibus mit Gemeinschaftsraum bringt einem größeren Publikum Bildung nahe (Seite 220) und ein Theater im Zug bietet der Bevölkerung an der Küste von Ecuador ein mobiles Kulturprogramm (Seite 226). Die soziale Ausrichtung solcher Lösungen findet man auch in Freizeitprojekten wie der WA-Sauna von goCstudio wieder (Seite 265), die auf dem Lake Union in Seattle schwimmt und die lange Tradition der schwimmenden Häuser in dieser Stadt fortsetzt.

Aufgegebene Räume wiedergewinnen

Mobile Architektur eignet sich auch gut, um Räume wieder zu nutzen, die aufgegeben wurden – verlassene Gebäude etwa oder unbebaute Landstücke. In den Liegefeldern des Eilbekkanals in Hamburg sind zahlreiche Hausboote vertäut, die durch eine neue Bauordnung ermöglicht wurden (Seite 254). 2006 hatte die Stadtteilverwaltung die Möglichkeit eröffnet, aus der vernachlässigten Wasserstraße eine Wohngegend zu machen. Nach einem offenen Wettbewerb erhielten die Sieger kostenlose Liegeplätze, um ihre Entwürfe zu realisieren. Die Unterschiede der zehn Boote in Material, Größe und Funktion zeigen deutlich, wie zeitgemäß und zukunftsorientiert schwimmende Behausungen sein können. Absolut anpassungsfähig sind die wie Pop-ups wirkenden Wohnelemente, die sich – Parasiten ähnlich – an ihren Wirten (meist aufgegebenen Gebäuden) anlagern, um ihren Bewohnern mobiles Wohnen zu ermöglichen. Das Light House des Bangkoker Ateliers All(zone) ist ein luftiger Raum in einem kunststoffbeschichteten Gitter (Seite 106). Die leichte Konstruktion wird in leerstehende Rohbauten eingefügt und bietet einen Schlaf-, Arbeits- oder Studierplatz in überbevölkerten tropischen Metropolen wie der thailändischen Hauptstadt. Emmy Polkamps Projekt To Many Places (Seite 107) spiegelt ebenfalls das steigende Interesse an angenehmen, aber nicht ortsgebundenen Aufenthaltsplätzen wider. Ihr Hotelzelt kann einzeln oder in großer Stückzahl errichtet werden und schafft transportable Räume, die Annehmlichkeiten bieten und zugleich das Wirtsgebäude wiederbeleben.

Migrierende Mittelklasse

Michael Kimmelman weist darauf hin, dass auch die Mittelklasse in Bewegung geraten ist. Viele ihrer Mitglieder sind gebildet und wissbegierig und möchten das Leben an unterschiedlichen Orten erkunden. „Mobitecture" entspricht genau ihren Vorstellungen – sie bietet flexible Räume, die zum zunehmend globalisierten Arbeitsmarkt passen. Travelbox ist ein Beispiel für diesen Ansatz (Seite 114). Elegant in einem Kasten aus Aluminium und Holz untergebracht, enthält die Travelbox alles, was man unbedingt zum Leben braucht: ein Bett, einen Tisch, einen Stuhl, Regale – sogar ein Fahrrad. Mit der Travelbox haben die Architekten Juust eine Lösung für das mobile Leben geschaffen, die jeden Umzug mitmacht und finanzielle Belastungen ebenso reduziert wie Beeinträchtigungen der Umwelt.

Auch am Arbeitsplatz begünstigen technologische Fortschritte, die digitale Ökonomie und die Zunahme selbstständiger Arbeitsverhältnisse die Migration der Mittelklasse. Work On Wheels (Seite 202) ist ein Konzept des Designbüros IDEO, das mit seinen selbstfahrenden Arbeitsplätzen einen Blick in die Zukunft des flexiblen Büros ermöglicht. Anstatt zum Arbeitsplatz zu pendeln, kommt der Arbeitsplatz zu einem nach Hause. Anstatt in der Stadt zu arbeiten, nimmt man Work On Wheels mit an den Strand oder aufs Land. Projekte wie das von IDEO können aufgrund ihrer Komplettausstattung mit Hochgeschwindigkeitskommunikation das Wie, Wo und Wann unseres Arbeitens verwandeln.

Die Welt entdecken

Den vielen Menschen, die in die Stadt streben, stehen ebenso viele gegenüber, die sich eine Atempause vom hektischen Stadtleben wünschen. Ein Urlaub, der Ruhe, Einsamkeit und Naturverbundenheit bietet – zunehmend auch bewusst ohne WLAN und ständige Erreichbarkeit – wird immer beliebter. So wurde das Koleliba als individueller Rückzugsort für Stadtflüchtige entworfen (Seite 213). Es lässt sich auf einen normalen Anhänger aufsetzen, wartet aber trotz seiner geringen Grundfläche mit einer Menge Platz auf, da ein ausfahrbares Vordach einen zusätzlichen Außenraum in Form einer geschützten Terrasse schafft. Die amerikanische Künstlerin Andrea Zittel betreibt in Kalifornien das A–Z

West Wagon Station Encampment (Seite 98) und offeriert den die Einsamkeit suchenden Besuchern hier ein besonderes mobiles Lebensgefühl. Die spartanischen Konstruktionen aus Stahl und Aluminium, die sie Wagon Stations nennt, stehen über ihren 20 Hektar großen Besitz verstreut und ermöglichen es den Gästen, die spektakuläre Wüstenlandschaft aus allernächster Nähe zu erleben. In Australien hat Rob Gray die sehr spezielle Wohnmaschine Wothahellizat Mk1 gebaut (Seite 230). Der massig wirkende Umbau eines Armeelastwagens ermöglicht einen dreimonatigen, autarken Aufenthalt im Busch und bietet mit der auskragenden Terrasse Schutz vor Reptilien, Blitzfluten und anderen Fährnissen der Wüste. Solche Freiheit und Abenteuer versprechenden „fahrbaren Behausungen" gehen über die landläufigen Vorstellungen des Campingwagens und mobilen Wohnens allerdings erheblich hinaus.

Leicht reisen

Mobitecture gibt nicht nur Antworten auf ernste, oft existenzielle Fragen, mit denen wir Menschen heute weltweit konfrontiert sind, sondern stellt auch viele inspirierende, verspielte und einfallsreiche Methoden vor, wie man wohnen und sich gleichzeitig bewegen kann. Die Ice Huts, die Richard Johnson in seinen Fotoessays eingefangen hat, geben die eigenwillige Bauweise und bisweilen überbordende Kreativität wieder, die kennzeichnend ist für die Hunderte von einfachen Angelhütten, die man auf den zugefrorenen Seen Nordamerikas findet. Ihre Besitzer haben einzigartige Lösungen für das Problem gefunden, im Winter während des Angelns warm zu bleiben – von einer auf Skiern zu transportierenden Hütte bis zu einer, die auf einem Schlitten angebracht ist (Seite 248 und 249). Neuerfindung ist das Motiv hinter Archive II, einer Arbeit des Architekten David Garcia, der seine über Jahre zusammengetragene Bibliothek unterbringen wollte (Seite 131). Das rollende Holzrad enthält einen Lesesessel und Bücherregale mit Hunderten von Bänden, die in Kreisform angeordnet sind. Archive II lässt sich leicht, je nach Wunsch des Lesenden, an einen anderen Ort rollen. Das manchmal vergängliche Wesen der „Mobitecture" klingt auch in der Idee des Amsterdamer Büros Urban Campsite an, die Kunst und Campen in einem kurzlebigen Sommerprogramm zusammenführt. Jedes Jahr wird eine Reihe von künstlerischen „Zelten" in Auftrag gegeben, um eine ausgewählte Stelle der Stadt zu verwandeln. Es geht vor allem um kreative Vielfalt, die sich zum Beispiel in der farbenfrohen Kite Cabin (Seite 50), im Goahti (Seite 72) oder im raffiniert zu erweiternden De-Markies-Wohnwagen (Seite 146) offenbart. Auf ähnlich ansprechende Weise schafft das Floating Cinema von Duggan Morris Architects (Seite 288) einen lebendigen, veränderbaren Raum für Gemeinschaftsveranstaltungen. Das Kino entstand im Auftrag von UP Projects, um einen Beitrag zur Wiederbelebung des öffentlichen Raums zu leisten, und befährt die Kanäle von London, wo es einem breiten Publikum an verschiedenen Orten unterschiedliche Programme anbietet. Die Freude und Unterhaltung, die solche mobilen Einrichtungen zur öffentlichen Nutzung bringen, sind angesichts der schwierigen sozialen und politischen Probleme, denen wir uns im Alltag gegenübersehen, wichtiger als je zuvor.

In einer überraschenden und manchmal verwirrenden Fülle von Formen, Materialien, Farben, Abmessungen und Standorten zeigt *Mobitecture,* dass die Architektur ganz unverkennbar in Bewegung geraten ist. Das Buch ist eine visuelle Hommage an die mobile Behausung in all seiner Vielfalt, ein Loblied auf das Leben in Bewegung. Von skurril bis pragmatisch, von rustikal bis luxuriös, vom Hausboot und der Hütte über den raffinierten Wohnwagen bis hin zur Notunterkunft für den Katastropheneinsatz und zum futuristischen Prototypen vermittelt *Mobitecture* einen lebhaften Eindruck von den faszinierenden Möglichkeiten des mobilen Lebens.

Anmerkungen

Mobitecture ist in Kapitel aufgeteilt, in denen sich die Hauptbewegungsarten der Objekte widerspiegeln: von Konstruktionen, die mit den Händen und zu Fuß getragen werden können (Mensch), über solche, die sich stapeln, falten, aufblasen oder auf andere Weise ohne Räder bewegen lassen (Ohne Räder), bis hin zu Modellen mit einer unterschiedlichen Anzahl an Rädern (Ein & Zwei Räder, Drei Räder, Vier Räder und Fünf + Räder) sowie Exemplaren, die auf Schnee und Eis (Kufen +) oder auf Seen, Flüssen oder dem Meer (Wasser) zu bewegen sind.

Oben neben jedem Objekt findet man seinen Namen, den Architekten, Designer oder Hersteller, das Ursprungs- oder Aufstellungsland und das Jahr der Fertigstellung.

Unter jedem Beispiel finden sich folgende Zusatzinformationen:
– die Anzahl der Personen, die darin Platz finden
– das Transportmittel – beispielsweise Traktor, Motorrad oder Einkaufswagen (siehe auch die Bewegungssymbole auf der gegenüberliegenden Seite)
– die wichtigsten Herstellungsmaterialien, darunter auch sehr ungewöhnliche wie Smartphone-Gehäuse, Kunststoffknöpfe, Türmatten, Leuchtstoffröhren, Warnbaken, Reißverschlüsse und Regenschirme

In den seltenen Fällen, in denen diese Informationen nicht ermittelt werden konnten, weist ein Spiegelstrich „–" darauf hin.

Symbole für die Bewegungsarten

 Hände

 Füße

 Pedale

 Kettenlaufwerk

 Fahrrad

 Elektromobil

 Pkw

 Lkw

 Motorrad

 Innenbordmotor

 Skier

 Schlitten

 Pferd

 Kamel

 Einkaufswagen

 Traktor

 Paddel/Ruder

 Schleppschiff

 Hubschrauber

Mensch

Ohne Räder

Ein & Zwei Räder

Drei Räder

Vier Räder

Fünf + Räder

Kufen +

Wasser

Bolt Half

Kama Jania

Finnland

2015

Diese Zelte schützen vor Blitzschlag. Kama Jania entwickelte sie im Rahmen ihrer Abschlussarbeit im Fach Design, in der sie sich mit den häufigen Ängsten bei Gewittern beschäftigte. Das Bolt Half ist ein kompaktes Zelt, das ein oder zwei Personen bei kurzen Trips Schutz gegen die Witterung bietet und Ängsten bei Gewittern entgegenwirkt. Die Aluminiumstangen werden mit speziellen Verbindern arretiert und ergeben einen sicheren, leicht zu errichtenden Rahmen, an dem Kupferdrähte befestigt sind, die elektrische Ladungen ins Erdreich leiten. Das Zelt wiegt weniger als ein Kilogramm, ist mit Mylar isoliert, wasserfest und ein guter Begleiter für Solowanderer.

Mensch

Wasserfester Kunststoff, Aluminium, PVC, Mylar

Octabar

Freeform

Südafrika

2016

Das flexible Freeform-Zelt wird zwischen Stangen aufgespannt. Es ist eine leichtgewichtige Alternative zu sperrigen Festzelten, die kräftigen Farben erinnern an das Leben der Beduinen. Das Dach aus belastbarem, langlebigem, wasserfestem Stoff spendet Schatten und bietet Raum für Gemeinschaftsveranstaltungen. Der Name lässt erkennen, dass der Besitzer das Freeform aufgrund seiner Elastizität nach seinen eigenen Bedürfnissen gestalten und dynamische Formen schaffen kann. Die unterschiedlich großen Zelte sind vielfältig einsetzbar (Camping, Feste, Wohnen). Die schwebende Form sollte nicht über die Belast- und Haltbarkeit hinwegtäuschen.

Wasserfestes, dehnbares Polyester, Stangen, Seile

Origami Paper House

Architecture Global Aid

Spanien

2014

Die Origami Paper Houses der spanisch-japanischen Gruppe Architecture Global Aid wurden in Lorca als Notunterkünfte eingesetzt. Sie kombinieren Pragmatismus mit gutem Design: billige, leichte und stabile Alternativen zu Zelten und improvisierten Behausungen. Sie lassen sich gut von nur einer Person tragen und sind für eine kurze bis mittelfristige Nutzung geeignet, vor allem in Gebieten, die erdbebengefährdet sind. Sie verfügen über Eingänge und Fenster mit Scharnieren, um Licht- und Luftzufuhr zu regulieren, und werden im Vorhinein verteilt, um die Auswirkungen von Naturkatastrophen abzumildern.

Mensch

Karton

Yamaori Taniori Tent

Iyo Hasegawa

Japan

2011

Die Yamaori Taniori Tents sind in Serie produzierte Zelte, die eine poetische und umsichtige Antwort auf das Erbeben darstellen, von dem der Nordosten Japans 2011 erschüttert wurde. Ein farbenfroher Innenraum soll helfen, „Ruhe zu finden und die Sinne wiederzube-leben". Die in traditioneller Origamitechnik hergestellten und aus schwerem Karton ausgeführten temporären Unterkünfte sollen den Vertriebenen die Bewältigung ihrer traumatischen Erlebnisse erleichtern und können auch längere Zeit ihren Zweck erfüllen.

Kraftpapier

The TeeZee Pyramid Accordion Shelter

Joseph Cabonce

Australien

2015

Diese Origamikonstruktion wurde als ein schnell zu errichtender Schutz bei Musikfestivals konzipiert. Sie basiert auf dem traditionellen *Miura*-Muster, das von dem japanischen Astrophysiker Koryo Miura entdeckt wurde. Die Wände des Zeltes bestehen aus Corflute (einer Art Wellplastik) und werden durch ihre Faltung stabil und belastbar. Mit nur 15 Kilogramm Packgewicht lässt es sich leicht von einer Person tragen. Obwohl der ursprüngliche Zweck darin bestand, die Zahl der zurückgelassenen Zelte nach Festivals zu reduzieren, stellt die TeeZee-Pyramide auch eine sehr effektive Lösung für die Unterbringung von Menschen in Katastrophengebieten dar.

Mensch

Corflute-Wellkunststoffplatten

Umbrella House

Kengo Kuma

Italien

2008

Das Umbrella House besteht aus zweckentfremdeten Schirmen und bietet Menschen Schutz vor Regen und Sturm. Der Designer Kengo Kuma setzt den bescheidenen Schirm, der sonst von Einzelpersonen verwendet wird, für einen aufregenden Unterstand ein, in dem mehrere Menschen Platz finden können. Wasserdichte Reißverschlüsse und die spinnwebenähnlichen Streben der Schirme sind die einzigen tragenden Elemente des Regenschirmhauses. Das Ganze ist als versetzbarer Pavillon konzipiert, als verspieltes provisorisches Heim für Neugierige und nicht zuletzt als unübertroffener Schutz für jene, die nasse Haare und Füße hassen.

Schirme, wasserdichte Reißverschlüsse, Holzboden

Mikasi Tipi

Sascha Akkermann,
Flo Florian
Deutschland
2014

Das Mikasi ist Sascha Akkermanns und Flo Florians Interpretation des uralten, symbolträchtigen Tipis. Die tragenden Scherengitter lassen sich in der Spannbreite verstellen und schaffen ebenso schnell ein Spielhaus für Kinder wie einen poetischen Rückzugsort für Erwachsene. Das Gerüst aus Esche wird mit einer haltbaren, halb transparenten Außenhaut aus Tyvek (Polyethylenfasern) eingehüllt und umgibt einen luftigen Innenraum. Der sechseckige Boden ist gepolstert und leicht erhöht, sodass das Mikasi drinnen wie draußen verwendet werden kann. Die dreiteilige Konstruktion ist zusammenlegbar und lässt sich leicht unter dem Arm tragen.

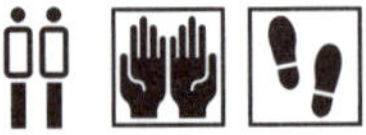

Eschengerüst, Tyvek, Kissen

Walking Shelter
Sibling
Australien
2008

Der „Gehschutz“ ist vielleicht eher ein Umhang als ein Zelt. Das als Unikat konzipierte verspielte Stück wird aus knöchelhohen Schuhen ausgefaltet. Das zweiteilige Fantasiegebilde ist in Netzbeuteln in den Absätzen der Schuhe versteckt. Sie enthalten einen farbenfrohen Umhang, der sich mit Reißverschlüssen zu einem schnellen Regenschutz zusammenfügen lässt. Statt der üblichen Zeltstangen und -schnüre bildet der Träger selbst das Gerüst, das der Hülle ihre Gestalt verleiht. Die Reißverschlussöffnung erinnert an den traditionellen Zelteingang, und die reflektierende silberne Innenhaut bietet ein Mindestmaß an Temperaturschutz.

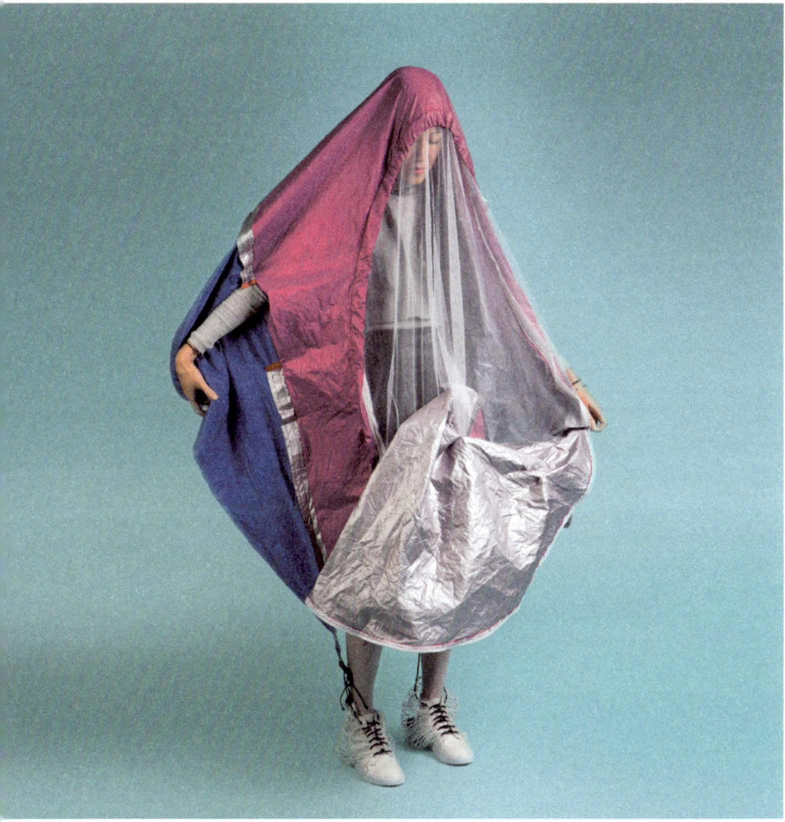

Polyester, Seil, Kunststoffschnallen

Bricks and Mortar

Field Candy

Großbritannien

2012

Festival-Zelte lassen sich auch gewichtig gestalten: Mit diesem witzigen Print hebt man sich von der Masse ab. Das Mauerwerkdach ist vollkommen wasserdicht und bedeckt ein klassisches Zeltgestell mit Platz für zwei Personen. Das flammhemmende, UV-undurchlässige Polyestergewebe umgibt ein luftdurchlässiges Innenzelt mit eingenähter Bodenplane. Das Aluminiumgestänge wird zu einem Gerüst zusammengesteckt, das leichter und belastbarer ist als seine Standard-Gegenstücke. Innerhalb von Minuten aufgestellt, lässt das Zelt mehr Zeit für das Vergnügen und kann nach Gebrauch im Reißverschlussbeutel abtransportiert werden.

Mensch

Polyester, Gestänge aus Aluminiumlegierung, Reißverschluss, Aluminiumheringe

Helix

Ootro Estudio

Spanien

2016

Dieses stachelige Versteck für eine Person besteht aus Recycling-Karton und scheint kaum die Erde zu berühren. Es wird aus Dutzen-den von mit dem Laser zugeschnittenen Kartonplatten zusam-mengesetzt und lässt sich leicht alleine tragen und aufbauen. Die Pyramiden werden gefaltet und mit Stecklaschen gesichert, sodass man auf Leim und Klebeband verzichten kann. Kleine Öffnungen gewähren fokussierte Ausblicke aus dem Inneren auf die Umgebung. Die auffällige Form wirkt wie ein Kiefernzapfen und macht dieses industrielle Nebenprodukt zu einem poetischen, zeitgemäßen Blickfänger.

Karton

Wheelly

ZO-loft

Italien

2009

Diese clevere Unterkunftslösung für die Stadt gibt dem Ausdruck „auf der Walz sein" eine neue Bedeutung. Das große Aluminiumrad läuft auf Gummireifen und ist leicht genug, um sich mit dem Griff bewegen zu lassen. Nach dem Abstellen dient der Griff als Bremse und bildet eine belastbare Basis für die Polyesterzelte, die beiderseits zu einem drei Meter langen Schlauch ausgefaltet werden können. Das Gebilde ist groß genug, um darin zu liegen, und besitzt einen hängenden Aufbewahrungssack für Kleinteile. Das Schlafzelt wird auf der einen Seite mit diesem Beutel, auf der anderen mit einer isolierenden runden Gummimatte gesichert.

Mensch

Metallrad, Gummireifen, Polyesterzelte

Mollusc

Ru Hartwell

Großbritannien

2016

Diese Muschel ist eine Abwandlung des einfachen Zeltes, die ohne Heringe auskommt. Die ungewöhnliche Kuppel ist als trag- und zusammenlegbare Haube konzipiert, die im entfalteten Zustand zuverlässig Schutz bietet. Sie steht auf einer runden Bodenplane aus schwerem PVC und wird von neun Stahlstangen gehalten, die in einen stabilen Stahlsockel gesteckt werden. Die Hülle aus wasserdichtem Acryl hält Regen, Sturm und Hagel ab. Das Gestell lässt sich in nur drei Sekunden zusammen- oder auseinanderschieben. Der Komfort und die Zweckmäßigkeit sowie die auf einen normalen Pkw abgestimmte Größe machen jeden Camper glücklich.

Stahlsockel, Stahlrohre, Acrylhülle, PVC

Cocoon

Hwang Kim

Südkorea

2005

Cocoon bezieht sich im Namen auf den schützenden Kokon, den sich Insekten spinnen. Schutz für Obdachlose zu schaffen ist auch die Absicht des Objekts, das Hwang Kim für seine Masterarbeit am Royal College of Art entwickelte. Die elegante Kartonkonstruktion beruht auf sorgfältig geplanten Faltungen, um den Raum für eine provisorische Behausung zu schaffen. Das leichte, einfach aufzubauende und zu tragende Objekt wird durch Stecklaschen und Kunststoffknöpfe zusammengehalten – eine bessere Lösung als die Pappkartons und Zeitungen, auf die Obdachlose sonst angewiesen sind, um sich vor der Witterung zu schützen.

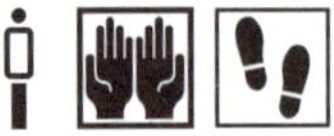

Einlagiger Karton, Kunststoffknöpfe

DesertSeal

Andreas Vogler

Deutschland

2004

Das DesertSeal ist eine aufblasbare reflektierende Hülle, die das Überleben in extrem trockenen, heißen Landstrichen ermöglichen soll. Diese Konstruktion berücksichtigt die Thermodynamik solcher Gegenden, in denen die höheren Luftschichten kühler sind als jene in Bodennähe: Die Umhüllung weist am oberen, schmalen Ende eine Einlassöffnung und einen Auslass mit Ventilator am Boden auf. Energie liefert ein biegsames Solarzellenband. Das leichte, einfach zu transportierende Zelt bietet einen kleinen, nur einen Meter breiten Raum zum Ruhen. Obwohl auf der Erde entwickelt, mutet das Modell an, als könnte es auch menschliches Leben auf dem Mars schützen.

Mensch

Polyethylenbeschichtetes Gewebe, elektrisches Gebläse, Solarzellen, Nylonseil, Reißverschluss

Habitent
Lucy Orta
Großbritannien
1992

Im Schnittpunkt zwischen Kunst, Architektur und gesellschaftlichem Protest verwandelt dieses bewohnbare Zelt Körper zu Gebäuden. Die Silberhülle, die an eine Rettungsdecke erinnert, ist eine clevere Lösung für moderne Nomaden. Das Kunstwerk von Lucy Orta setzt sich mit ernsten sozialen Fragen auseinander, indem es mit der Kapuzenhülle Themen wie Obdachlosigkeit und Flüchtlings-unterbringung anspricht. Ausschiebbare Gestänge verwandeln den wasserdichten Poncho in ein Einpersonenzelt, das Raum für Rückzug und Ruhe bietet. Die Arbeit wird als „operationale Ästhetik" bezeichnet und von Obdachlosen in München und Paris getragen.

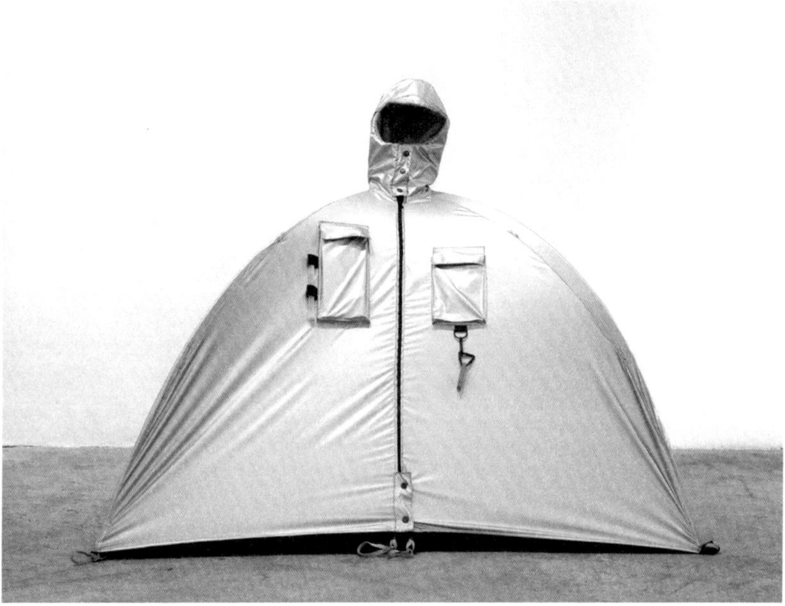

Aluminiumbeschichtetes Polyamid, Polarfleece, teleskopisches Aluminiumgestänge, Pfeife, Laterne, Kompass

Cactaceae
X-Studio
Mexiko
2013

Dieses Schutzgebilde wurde am Wendekreis des Krebses in Mexiko aufgestellt und soll als Ort der Introspektion und des Friedens dienen. Die kleine Konstruktion ist durch die sie umgebende Landschaft inspiriert und nimmt sowohl die Formen der Kaktusblüten als auch der Scherenschnitte des mexikanischen *Papel Picado* auf. Das zehnflächige Kuriosum lässt sich leicht versetzen. In seine halb transparente Hülle sind Hunderte Blütenblätter verschiedener Größe geschnitten, die je nach Tageszeit zu einem unterschiedlichen Aussehen führen, abhängig davon, ob tagsüber das Licht Muster ins Innere wirft oder das Objekt nachts aus sich heraus glüht.

Mensch

Papier, Holz

Chicken Coop

Valerie Vyvial

Großbritannien

2015

Chicken Coop ist eine von sieben provisorischen Modellen, die für das Stadtentwicklungsgebiet Skip Garden im Londoner Stadtteil King's Cross entworfen wurden. Ins Leben gerufen hatte das Projekt die Umweltinitiative Global Generation. Bei allen sieben Werken kommen nachhaltige Bautechniken und wiederverwendete Baustoffe zum Einsatz. Der „Hühnerstall" besteht aus einem Bambusgerüst, das mit Stahlbeschlägen zusammengehalten wird und drei Hühnern neben einem Birkenstamm Auslauf bietet. Die Verkleidung besteht aus Birkensperrholzplatten, deren blattförmige Lochmuster das Werk nachts zu einer Laterne verwandeln.

Bambus, Birkensperrholzplatten, Stahl

Refractor

Seattle Design Nerds

USA

2015

Der weich und wolkig wirkende, rundliche Refractor ist ein Vorschlag der Seattle Design Nerds zur Belebung wenig genutzter städtischer Räume. Er besteht aus wiederaufbereitetem Kunststoff und Rettungsdecken, wird auf einem Karren angeliefert und in Handarbeit aufgebaut. Das Material ist zu einheitlichen Dreiecken geschnitten und wird auf einem Bodenelement aus Kartonschichten installiert. Durch den matten Kunststoff der Außenhaut des aufblasbaren Zeltes gelangt Streulicht nach innen, während die Mylar-Segmente die Umgebung widerspiegeln. Die faszinierende Form erregt Aufmerksamkeit und lässt vielfältige Nutzungsmöglichkeiten zu.

Mensch

Kunststoff, Karton, Mylar

Cocoon Tree

Glamping Technology

Großbritannien

–

Diese leichtgewichtigen Kugeln bieten ein besonders Gefühl naturverbundenen Lebens: Sie hängen, mitsamt ihren Bewohnern, von hohen Bäumen herab. Jeder der aus Aluminium und wasserdichter Leinwand bestehenden Kokons wird mit zwölf Seilen an benachbarten Stämmen und Ästen befestigt. Im Inneren der weniger als 200 Kilogramm wiegenden, leicht transportierbaren Behausungen findet sich Platz für ein Doppelbett. Dicht schließende Mückennetze und eine Heizung sorgen für einen temperierten, insektenfreien Innenraum. Der Cocoon Tree ist alles andere als konventionelles Camping, sondern ein einmaliger Platz zum „Abhängen".

Aluminiumgestell, Edelstahl, wasserdichte Leinwand, Polyamidseil, Metallverbinder

Melina

David Shatz

Israel

2016

Eine Unterkunft in einem Akkordeon: Dieses Rucksackzelt von
David Shatz ist eine fantasievolle Spielart des mobilen Lebens.
Das ausziehbare Objekt besteht aus einer Stoffhülle, die von zehn
Stahlrahmen gehalten wird, und bietet auseinandergezogen in
städtischen Umgebungen Schutz und Übernachtungsmöglich-
keit. Die Ziehharmonikaform lässt sich zusammengeschoben gut
transportieren. Melina ist als Leichtgewicht der ideale Begleiter des
zwanglosen Flaneurs. Shatz hofft, mit dem Projekt den öffentlichen
Raum zurückzuerobern, indem er einen Ort der Geborgenheit für
Ruhepausen anbietet.

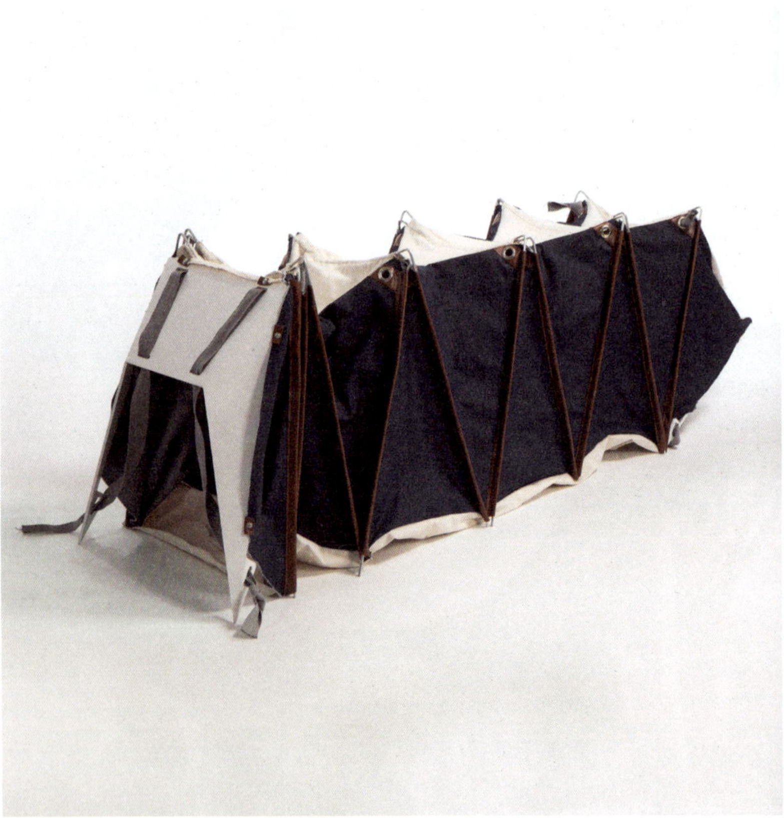

Mensch

Stahlgestell, Nylonseile, Leinwand, Denimstoff

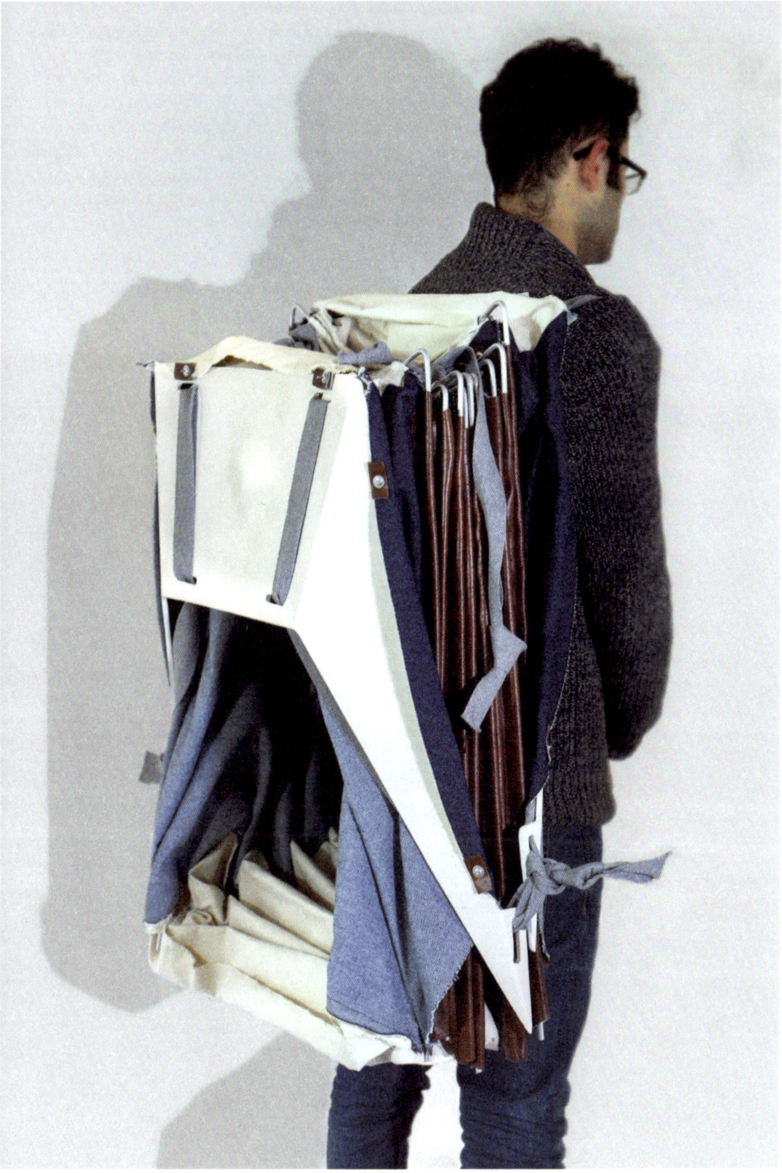

Basic House

Martín Azúa

Spanien

1999

Das Basic House lässt sich von einem goldenen Quadrat zu einer auffälligen Kammer aufblasen und ist zweifellos ein Sieger in der Kategorie Leichtgewichtige Unterkünfte. Das faltbare Obdach aus metallisiertem Polyester wird durch Körper- oder Sonnenwärme aktiviert und wirkt fast immateriell. Zusammengefaltet passt es in die Hosentasche, aufgeblasen bietet es Raum für zwei Personen. Die Beschichtung ist auf der einen Seite golden und bietet Schutz gegen Hitze, auf der anderen Seite silbern und schützt vor Kälte. Das Basic House nimmt wenig Raum ein, bietet den Insassen aber viel Platz, ohne an einen Ort gebunden zu sein.

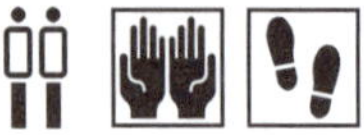

Mensch

Metallbeschichtetes Polyester

Pop-Up Habitat

People's Architecture
Office

China

2011

Angeregt durch die wachsende Beliebtheit der Fotografie in China, hat das People's Architecture Office aus Reflektorpaneelen für Fotografen verspielte, aufklappbare Räume geschaffen, die zum Pausieren einladen. Die leichten, stabilen Module werden mit Klettverschlüssen zusammengefügt und sind in großen Gruppen durch ihre reflektierenden Oberflächen ein echter Blickfang. Die Schutzhütten lassen sich schnell auf- und abbauen und fungieren als Bausteine, mit denen Areale vielfältig gestaltet werden können – die Möglichkeiten reichen von Überdachungen für die traditionellen *Hutong*-Gassen in chinesischen Wohnvierteln bis hin zu Einraumhütten.

Gewebe, Federstahlringe, Klettverschlüsse

Compact Shelter

Alastair Pryor

Australien

2014

Diese Faltkonstruktion entstand aus dem Wunsch heraus, die Auswahlmöglichkeiten für die Unterbringung von Obdachlosen zu erweitern. Sie erregte sowohl bei Investoren als auch bei Hilfsorganisationen Aufmerksamkeit, die sie inzwischen für die Verwendung in Katastrophengebieten weiterentwickelt haben. Die Hülle aus UV-stabilisiertem Polypropylen ist haltbar, witterungsbeständig und wärmeisoliert. Aufgestellt ist der Compact Shelter ein einfacher Kubus, zusammengefaltet ein flaches, gut transportierbares Paket. Jede Einheit bietet zwei Erwachsenen und zwei Kinder Platz, weitere Einheiten lassen sich zu Mehrraumunterkünften zusammenkoppeln.

UV-stabilisiertes Polypropylen

paraSITE

Michael Rakowitz

USA

1998

Das paraSITE-Projekt ist in puncto Obdachlosigkeit eine einzigartige Lösung, die provisorische bewegliche Unterkünfte mit einer würdevollen Ausstrahlung bietet. Wie der Name andeutet, sind die verschiedenen Entwürfe insofern parasitär, als sie sich bei einem Wirt mit Volumen und Wärme versorgen. Die Doppelhülle aus Polyethylen lässt sich einfach an die Austrittsöffnungen von Heizungs- oder Klimaanlagen anschließen, wodurch die Kammern aufgeblasen werden. Die Behausungen können nur eine Zwischenlösung sein, ihr Schöpfer sieht in ihnen aber mehr als heiße Luft: „Sie sollten so verschwinden, wie auch das Problem verschwinden sollte."

Kunststofftüten, Polyethylenröhren,
Metallhaken, Klebeband

Warka Water 01

Architecture and
Vision

Äthiopien

2012

Warka Water ist eine in Äthiopien entwickelte Vorrichtung, die das wichtigste Element auf Erden einfängt – Wasser. Das hohe Gestell nimmt bis zu 100 Liter Flüssigkeit aus Regen, Nebel und Tau am Tag auf. Die Schwerkraft leitet das Wasser im Netzgeflecht nach unten zu einem Trichter, der es in einem Vorratsbehälter im Sockel sammelt. Dort kann es zum Trinken oder Bewässern entnommen werden. Ein abnehmbarer Schirm spendet Schatten und macht die Wasserstelle auch zum Treffpunkt. Der Turm aus Netz, Bambus und Seilen erinnert an die traditionelle äthiopische Korbflechterei. Seine leichte modulare Bauweise ermöglicht einen einfachen Aufbau und Transport.

Bambus, Hanf, Metallstifte,
Bio-Kunststoff, Wasserbehälter

Flite +

Tentsile

USA

2016

Flite + ist ein fast gewichtsloses Baumzelt, das über dem Boden schwebt und ein origineller Rückzugsort ist. Es wird mit drei kräftigen Polyesterbändern an benachbarten Bäumen befestigt und bietet auf seinem stabilen Boden unter einem eingezogenen Gestänge zwei Personen Platz zum Schlafen. Ein integriertes Innenzelt schützt vor Insekten und ein abnehmbares Regendach vor der Witterung. Die markante und augenfällige Konstruktion ist auf maximale Belastbarkeit und minimales Gewicht ausgelegt, sodass das transportable Baumhaus in einer kleinen Tragetasche verstaut werden kann.

Eloxierte Aluminiumlegierung, wasserfestes Polyester,
Insektennetz, Nylon-Polyester-Bodenplatte

Wearable Habitation

Royal College of Art

Großbritannien

2016

Diese tragbare Unterkunft, die sich von einem Umhang zu einer Behausung verwandeln lässt, entstand als Reaktion auf die syrische Flüchtlingskrise des Jahres 2016. Die Entwicklung berücksichtigte Erfahrungen aus der Flüchtlingshilfe. Wearable Habitation lässt sich dank der durchdacht platzierten Nähte von einem Bekleidungsstück zu einem Schlafsack, sogar zu einem Zelt (unten zu sehen) umfunktionieren. Das Grundmaterial Tyvek, ein stabiles Kunstgewebe, ist zur Isolierung mit Mylar beschichtet. Eine Kapuze und Innentaschen für kleinere persönliche Gegenstände sind eingearbeitet. Material und Konstruktion lassen eine Benutzung von bis zu fünf Wochen zu.

Mensch

Tyvek, Mylar

LYHTY
Erkko Aarti
Finnland
2012

Um den niederdrückenden Auswirkungen der langen, dunklen Winternächte im hohen Norden entgegenzuwirken, entwickelte Erkko Aarti mit LYHTY eine umhüllende Alternative zu existierenden therapeutischen Lampen gegen Winterdepressionen. Das vielflächige Zelt bietet einen leuchtenden Ruheraum, um sich zu regenerieren. Die einfache Konstruktion besteht aus verschweißten Stahlrohren, die eine durchsichtige Doppelhaut tragen, und wird von unten beleuchtet. Die LYHTY – *lyhty* ist Finnisch für „Laterne" – kann im Freien wie auch in Innenräumen eingesetzt werden und ist vom Benutzer mit einem Schalter individuell zu regulieren.

Stahlrohre, Gewebe, LEDs

Tent 2

Angela Luna

USA

2016

Tent 2 ist das zweite Stück in Angela Lunas Serie humanitärer, modischer Bekleidung, die den Namen Crossing the Boundary trägt. Die verwandelbare Jacke wird mit dem zugehörigen Beutel zu einem wasserfesten Zelt für zwei Personen. Der Entwurf vereint – wie alle Arbeiten in der Kollektion – praktische Verwendbarkeit mit hohen ästhetischen Ansprüchen. Alle Stücke bieten realistische Lösungen zu Fragen des Schutzes, der Wärme, der Wahrnehmung und der Behausung von Flüchtlingen. Die Jacke aus einem haltbaren Hightech-Gewebe zeigt, dass Mode und soziales Denken keinen Widerspruch darstellen müssen.

Polyesterplane, Nylon, Kunststoff, Reißverschluss, reflektierendes Material

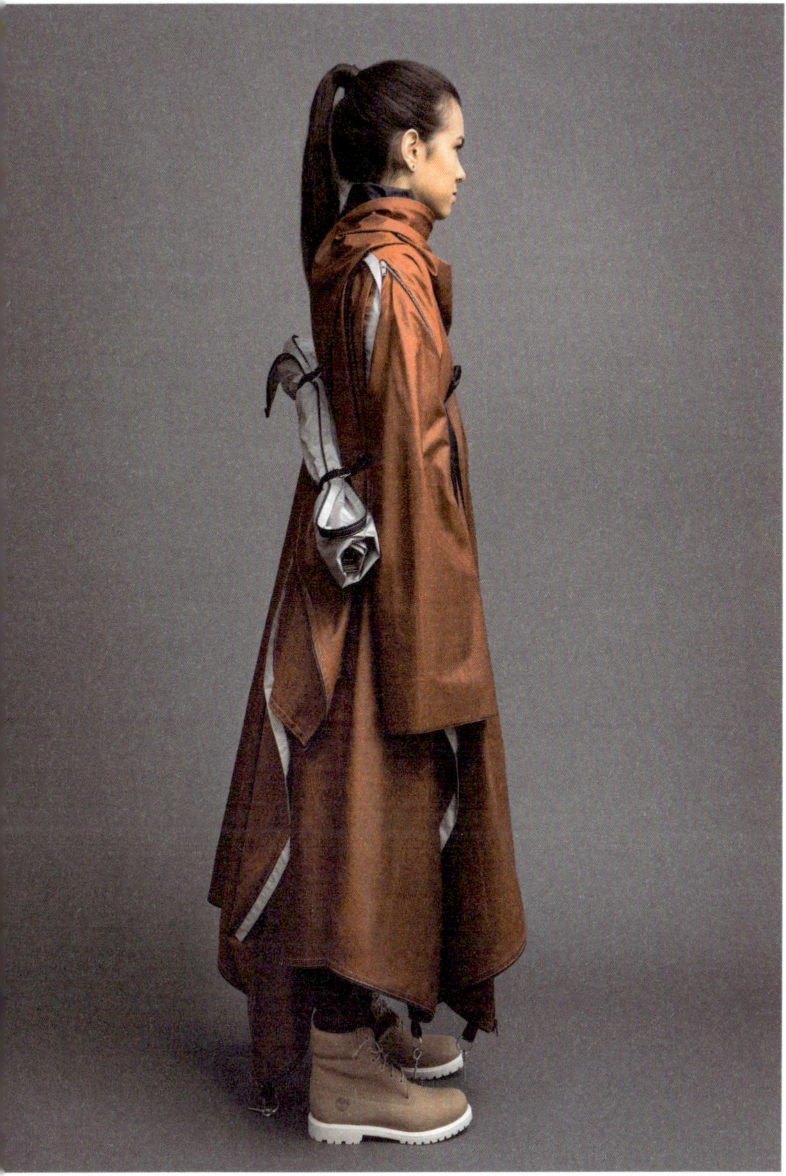

Kite Cabin

Frank Bloem

Niederlande

2015

Urban Campsite Amsterdam ist eine jährliche Veranstaltung, die eine einzigartige Möglichkeit bietet, öffentlichen Raum zu erfahren. Beim Festival 2015 auf der künstlichen Insel Centrumeiland in der Nähe des Stadtzentrums wurde auch Frank Bloems Kite Cabin gezeigt. Sie besteht aus einem Stahlgerüst, das sowohl einem gelben Zelt als auch einem Turm mit Flagge Halt bietet. Das Innere wird von einer kräftigen Sperrholztür gesichert und durch ein transparentes Dach, das auch zum Steuern eines Drachens dient, erhellt. Die Behausung kann für kurze Aufenthalte gemietet werden, um den Sternenhimmel zu betrachten oder einen Drachen steigen zu lassen.

Mensch

Stahlverspannungen, Polyester, Sperrholz, Nylonseil

Portaledge	
Black Diamond	
Equipment	
USA	
2005	

Das Hängezelt Portaledge bietet Tapferen eine luftige Schlafgelegenheit. Es dient Bergsteigern als transportabler Felsvorsprung und Aussichtsplattform, auf dem sie sich nach längeren Kletterpassagen ausruhen können. Die Konstruktion aus Gewebe und Stahlrohren ist leicht zusammenzubauen und wird mit einem einzigen Anker im Stein befestigt. Die Hängematte in schwindelnder Höhe stellt alles zur Verfügung, was man oben in der Luft braucht: eine Regenhaut für Stürme, Haken und Klammern, um die Ausrüstung zu halten, und ein gutes Verhältnis von Belastbarkeit und Platz, das Komfort und Sicherheit gewährleistet.

Stahlgestänge, Polyesterplane, Seil,
Reißverschluss, Stahlschrauben

Piilo

Markus Michalski

Product Design

Deutschland

2011

Das Piilo ist als Ruheplatz für stilsichere Besitzer konzipiert. Es besteht aus acht schlanken Schirmen, die mit einem durchscheinenden elastischen Gewebe bespannt und zwischen Carbonfaserstangen aufgespannt sind. Aus einem einzelnen zusammengelegten, nur wenige Zentimeter breiten Bogen entfaltet sich eine elegante Kuppel mit fast zweieinhalb Meter Durchmesser. Die Doppelschirme sind wie ein riesiger Gazefächer an zwei handgefertigten Scharnieren eingehängt. Die hochwertig verarbeitete Muschel ist ein leichtgewichtiges, bewegliches Mittelding zwischen Möbel und Architektur zur Nutzung in Innenräumen.

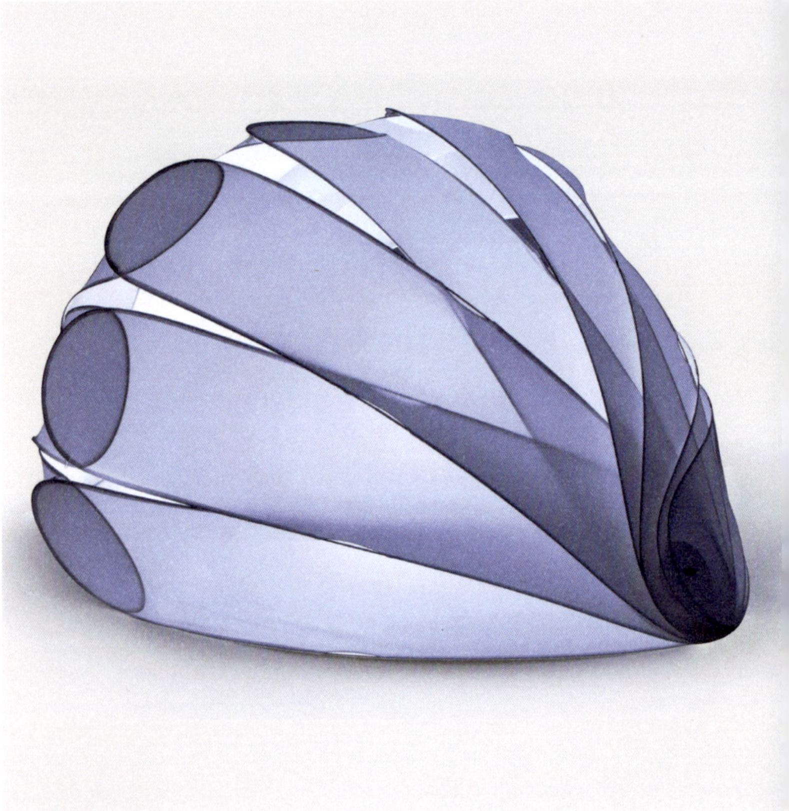

Mensch

Carbonfaser, elastisches Textilgewebe

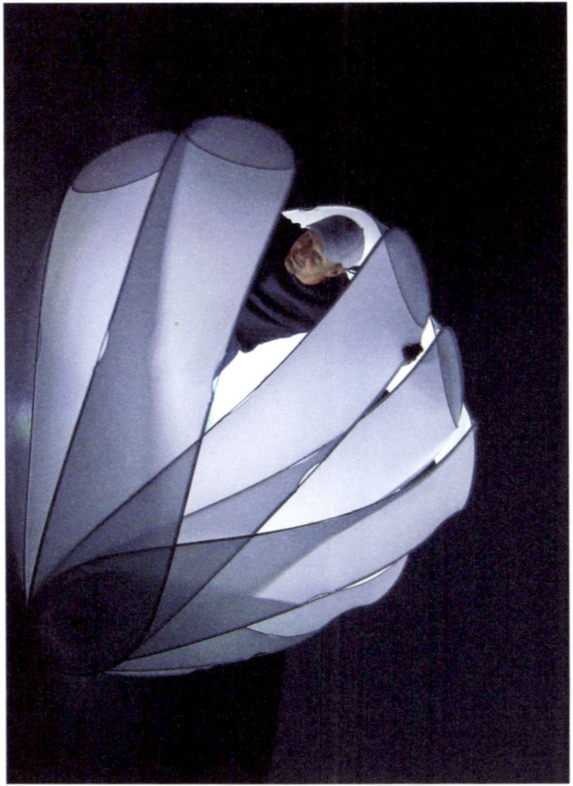

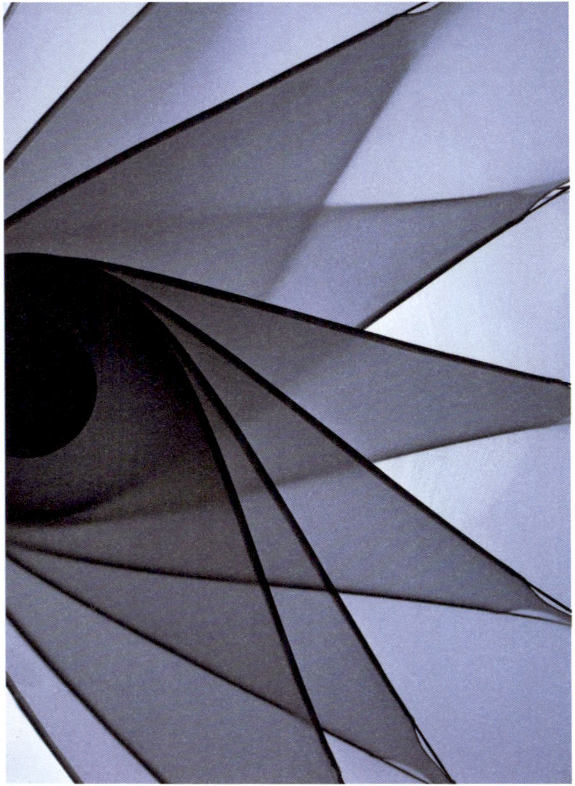

The Wedge

Heimplanet

Deutschland

2013

Die Gründer von Heimplanet schenken Campern mit The Wedge Zeit für Abenteuer, indem sie die Zeit für Auf- und Abbau des Zeltes reduzieren. Das Zeltgestänge besteht bei diesem Modell aus drei verbundenen Luftkammerröhren, die sich mit einer Pumpe schnell aufblasen und auch schnell wieder entleeren lassen. Das Zweipersonenzelt wiegt kaum mehr als drei Kilogramm und stellt so eine leichte, wasserdichte Alternative für das Leben unter freiem Himmel dar. Die strahlend blaue Hülle ist von außen ein Blickfang, innen bietet sich ein lichterfüllter Raum mit nützlichen Taschen, in denen die Ausrüstung verstaut werden kann.

Mensch

Aufblasbarer Thermokunststoff, Urethankunstharz, hochdehnbares Polyestergewebe

The Jello Pavilion

Cornell University

USA

2015

Wie ein überlebensgroßes Vogelei wirkt der Jello Pavilion, der von Studenten der Cornell University entworfen wurde. Die Inspiration stammte von den aufblasbaren Kunstwerken und Möbeln aus den 1970er-Jahren. Die runde Form besteht aus mehr als 100 aneinandergefügten Kunststofffolien, die eine Hülle bilden, die mit einem Hochdruckgebläse mit Luft gefüllt wird. Im Innern befinden sich Ballons, die zu Semesterende eine nette Ablenkung vom Prüfungsstress bieten. Für weniger als 300 US-Dollar ist der Pavillon eine vergnügliche Hommage an die kreativen Möglichkeiten des Kunststoffs.

Kunststofffolien, Klettverschlüsse

Glastonbury Solar
Concept Tent
Kaleidoscope
und Orange
Communication
Großbritannien
2009

Im schlammigen Chaos beim Musikfestival im englischen Glastonbury bietet dieses Solarzelt einen warmen Schutz. Die Gewebehülle der Unterkunft für feiernde Camper ist mit fotovoltaischen
Fasern durchsetzt, und die Konstruktion sorgt mit drei verstellbaren
Solarpaneelen über der Kuppel für eine maximale Nutzung des
Sonnenlichts. Tagsüber wird so Energie für Mobilgeräte generiert,
nachts wird das Zelt zu einer leuchtenden Heimstatt. Diese neuartige Idee mag vielleicht nicht die Lösung der sanitären Probleme bei
Musikfestivals sein, aber sie bietet einen trockenen Schlafplatz und
verhindert Kommunikationsabbrüche aufgrund leerer Akkus.

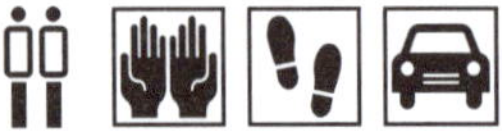

Mensch

Fotovoltaisches Gewebe, Solarfasern,
Acrylglas, Kunststoff

roomoon

Hanging Tent
Company

Großbritannien

2014

Das roomoon ist eine durchdachte transportable Leichtkonstruktion, die an einem Baum aufgehängt werden kann. Die handgefertigte Kugel aus Edelstahl und kräftiger wasserdichter Leinwand hat einen Innenboden aus leichtem Kiefernholz, unter dem sich Stauraum verbirgt. Sie wird an ihrem eigenen Flaschenzug aufgehängt und durch drei Polyethylenschlaufen (Dyneema-Schlaufen) im Inneren stabilisiert. Die Proportionen aller Bestandteile sind auf Praktikabilität ausgerichtet. Der Boden bildet den Behälter, in dem die demontierte Kugel Platz findet, und die Rahmen sind so dimensioniert, dass sie in jedem normalen Pkw transportiert werden können.

Edelstahl, wasserdichte Leinwand, Kiefernholz,
Dyneema-Schlaufen

Mensch

Ohne Räder

Ein & Zwei Räder

Drei Räder

**Vier
Räder**

**Fünf +
Räder**

Kufen +

Wasser

Bibliobeach

Matali Crasset

Frankreich

2013

Diese mobile Bibliothek ist ein perfektes Stück Strandinfrastruktur, das den Besuchern mit mehr als 300 Büchern gute Unterhaltung bietet. Als Ergänzung zu den Liegenvermietern, Eisverkäufern und Snackbuden setzt sie der Sommerfrische das i-Tüpfelchen auf. Die Bücher und die Besucher werden vor der Sonne geschützt: die Bücher in der Mitte unter einer Plane in Orange, die Lesenden in drei gepolsterten Bereichen an den Außenseiten. Als Fortführung der Auseinandersetzung Matali Crassets mit Kleinstkonstruktionen ist dieses Projekt genau auf seine Umgebung abgestimmt und evoziert Sonne, Sommer und Strandvergnügen.

Ohne Räder

Stahlrohr, Leinwand, Betonbeschwerungen

POP PUP

MOTOElastico
(Simone Carena und
Marco Bruno) mit
VCUQatar
Marokko
2016

Diese Arbeit von MOTOElastico gehört zu einer Installation namens TENTative Structures, die für die 6. Marrakech Biennale entstand. Sie ist eine Neuinterpretation des Zeltes, ein aufklappbares fünfteiliges, von Aluminiumleitern gehaltenes Gebilde, das sich mit seiner satten Farbigkeit in die städtische Umgebung einpasst. Die verwendeten bunten senegalesischen Teppiche stammen aus einem nahe gelegenen Suk und bieten Schutz vor der Sonne. Sie können je nach Bedarf mehr oder weniger Schatten und mehr oder weniger Privatsphäre schaffen, indem man sie auf- oder abrollt. Eine geistreiche Variation zu dem alten Thema „Zelt".

Teppiche, Stahlverspannungen, Aluminiumleitern

Fold Flat Shelter

Form-al

Deutschland

2010

Der Fold Flat Shelter entstand aus dem wachsenden Bedarf an einfachen Behausungen für jene, die keine haben. Die zeltähnliche Konstruktion besteht aus Dach- und Wandplatten, die auf einem Boden aus einem Kunststoff-Metall-Verbundstoff mit Wabenstruktur aufgebaut werden. Das selbsttragende Modell bezieht seine Stabilität aus zwei sich schneidenden Pyramiden, die auf einer rechteckigen Grundfläche stehen. Der Karton der flachen Lieferverpackung lässt sich zu Möbeln umwandeln, das Ganze bietet sich als Notunterkunft bei Katastrophen an. Im Vergleich zu einem Zelt ist die Konstruktion stabil und robust, sodass sie auch länger genutzt werden kann.

Ohne Räder

Aluminiumverbundplatten, Kunststoff-Metall-Verbundboden, Acrylglas, Glasfaser

Y-BIO

Archinoma

Ukraine

2009

Die Idee des modularen Camping-Gestells Y-BIO entstand im Zuge der Belastbarkeitsprüfung des von Archinoma entworfenen Stecksystems an einer windreichen Küste in der Nähe der Krim-Halbinsel. Das System bezieht seine Stärke aus der Pyramidenform und verwendet vervielfachte Tetraeder, um ein „stelliertes Oktaeder" – einen achtspitzigen Stern – zu schaffen. Das leichte Gerüst wird mit transparenten und opaken Platten abgedeckt und oben mit Gewebebahnen behängt. So kann es als Café, Strandhaus oder Schutzhütte genutzt werden. Das Zelt lässt sich je nach Bedarf mit unterschiedlichen Paneelen ausstatten, vergrößern und verkleinern.

Stahlrahmen, Leinwand, Holz, Stahlleiter

Pneumad
Min	Day
USA
2014

Pneumad besinnt sich auf die aufblasbare Architektur, die zuerst in den 1960er-Jahren populär wurde. Der Prototyp entstand für die Ausstellung Truck-A-Tecture, bei der technisch fortgeschrittene Ideen vorgestellt wurden, und ist ein konzeptueller Vorschlag für das mobile Leben. Die Kuppel aus Nylonröhren und sechseckigen Ripstop-Planen eignet sich für unterschiedliche Einsatzbereiche. Sie wird mit der dazugehörigen Luftpumpe in einem kompakten Anhänger verstaut und ist leicht auf- und abzubauen. Die erste Version des Modells ist noch experimentell, theoretisch kann es jedoch vervielfacht werden, um komplexere Strukturen zu errichten.

Ohne Räder

Nylonröhren, Kunststoff, Ripstop-Gewebe

Caterpillar

Lambert Kamps

Niederlande

2007

Der Caterpillar ist ein aufblasbares Wanderkino. Es lässt sich in Parks und bei Festivals aufstellen, um Wetterschutz zu bieten, und ist mit seinen roten Kissen ein besonderer Blickfang. Die Doppelhülle aus PVC-Folie wird von Stahlkabeln zusammengehalten und geformt, während zur Befüllung Luft in sie hineinfließt. So schafft der Tunnel bei heißer wie bei feuchter Witterung eine angenehme Umgebung für die Zuschauer. Die merkwürdigen „Stummelfüße" sind ebenso stabil und leicht wie unauffällig. Mit einer großen Leinwand an einem Ende und Platz für 30 Personen sorgt diese Wanderraupe für einen erinnerungswürdigen Kinoabend.

PVC, Stahlkabel

Ecocapsule

Nice Architects

Slowakische Republik

2008

Diese abenteuerlustige kleine Behausung ist als Antwort auf steigende Lebenshaltungskosten und den Drang nach Mobilität gedacht. Die Ecocapsule ermöglicht zwei Personen auch ohne Anschluss an Ver- und Entsorgungsleitungen ein bequemes und autarkes Leben. Die thermisch isolierte Glasfaserhülle umgibt ein Gerüst aus Aluminium, die integrierten Solarpaneele und eine Windturbine generieren Elektrizität. Im Inneren finden sich Küche, Wohn-Schlafraum und eine Nasszelle mit Komposttoilette. Das Modul kann auf Rädern verschoben oder gedreht werden und erinnert mit seinen Flügeltüren an einen kosmischen Sportwagen.

Ohne Räder

Glasfaser, Aluminium, Kunststoff, Acrylglas, Solarpaneele

ReActor

Alex Schweder,
Ward Shelley

USA

2016

Dieses Kunstobjekt ist eine instabile Behausung für zwei Personen.
Die gesamte Konstruktion ist beweglich auf einem zentralen Beton-
pfeiler gelagert, sodass sie sich aufgrund äußerer Kräfte und der
Bewegungen und des Gewichts der Bewohner ständig verändert.
Die Künstler Alex Schweder und Ward Shelley nennen ihr Wohnob-
jekt „Performance-Architektur". Es ist raumhoch verglast und gab
so während des fünftägigen Einsatzes den Blick auf das Leben im
Inneren frei. Auch bei Alltagsverrichtungen war in dieser Zeit ein
guter Gleichgewichtssinn erforderlich, um mit den Veränderungen in
der räumlichen Orientierung zurechtzukommen.

Beton, Holz, Glas, Stahl

La Matriz

Pontifical Catholic
University of Peru

Peru

2015

La Matriz ist eine von peruanischen Studenten entworfene Unterkunft, die die geophysikalischen Realitäten Perus – also das Erdbebenrisiko – berücksichtigt und so einen innovativen Beitrag zur Katastrophenhilfe leistet. Die Hütte besteht aus einer großen runden Aluminiumstruktur aus selbsttragenden Gittern und ist leicht und stabil. Die Einkleidung besteht aus Isolierschaum und Dutzenden von „Aluminium-Blättern", die in die Gitter eingehängt werden. Türen und Fenster entstehen, indem man einfach Blätter abnimmt. Die Verpackung in einer stabilen Kiste ist sorgfältig durchdacht, sodass sie leicht auf dem Land-, See- oder Luftweg zu transportieren ist.

Ohne Räder

Aluminium, Isolierschaum

Pillow Tent

Lambert Kamps

Niederlande

2010

Dieser Schutzraum für Festivals und andere Veranstaltungen besteht aus mehr als 100 prallen Luftkissen und lässt sich leicht in Innenräumen wie unter freiem Himmel errichten und befestigen. Das Kissenzelt des Künstlers und Designers Lambert Kamps kann nach Lust und Laune beleuchtet werden und wird mit Metallösen an den Rändern verankert. Form und Größe lassen sich je nach Verwendungszweck beliebig verändern. Als Zubehör ist eine wollige Bodenplane erhältlich, die einen gemütlichen Innenraum schafft. Das Äüßere lässt an Hüpfburgen und – natürlich auch – an Kissenschlachten denken.

Kunststoff, Metallösen

D.E.M. Dream Excursion Module

Joachim Falser

Italien

2009

Zur 40. Wiederkehr der Mondlandung ermunterte diese utopische Traummaschine, die zu einem dreiteiligen „Raumschiff" aus Holz gehört, zu einer Reise ins Land der Träume. Im Inneren finden sich getrennte Bereiche zum Schlafen und zur Reflexion. In geschlossenem Zustand steht das Modul als kompaktes räumliches Objekt auf soliden Holzfüßen. Auseinandergenommen enthüllen sich eine Reihe von mit Kiefernholz ausgekleideten Innenabteilen und aus Gummiseilen geschaffene Stauräume. Drinnen wie draußen verleiht dieses Projekt, das als Teil von Joachim Falsers Abschlussarbeit entstand, dem Begriff Raumerkundung neue Bedeutungsdimensionen.

Ohne Räder

Kiefernholz, Nägel, Gummiseile

Park Bench Bubble
Thor ter Kulve
Großbritannien
2014

Mit Park Bench Bubble setzt sich Thor ter Kulve mit dem modernen Großstadtleben auseinander. Die Arbeit beruht auf Erfahrungen, die er in Amsterdam und London sammelte, und schafft einen öffentlich-privaten Raum, der eine schlichte Parkbank aus Holz zu einem Ein-Personen-Rückzugsraum einschließlich solarbetriebenem USB-Ladegerät verwandelt. Zwar kaum luxuriös, bietet die Bank unter der undurchsichtigen Schutzhülle doch einen Platz zum Arbeiten, zu dem ein Reißverschluss Zugang bietet. Der Kokon aus wiederverwertetem Material reduziert den Begriff Heim auf das Wesentliche: Witterungsschutz.

Wiederverwendetes Holz, Nylon,
Solarpaneel, USB-Ladestation

Goahti

Victor Leurs

Niederlande

2009

Das farbintensive Zelt von Victor Leurs ist eine Neuinterpretation der traditionellen nomadischen Unterkünfte der Samen, der indigenen Bewohner Skandinaviens am Polarkreis. Goahti ist eine der 14 Behausungen, die das Herz des ungewöhnlichen Campingplatzes Urban Campsite Amsterdam bilden. Die konische, rote Form erinnert an die einfachen Holzpaneele der Vorbilder und wird durch Nylongurte zusammengehalten, die oben und unten eingeflochten sind. Die leichte, robuste Konstruktion aus Glasfaserplatten ist einfach aufzustellen und bietet genug Platz für ein Doppelbett, auf dem man sich im roten Glühen des Innenraums entspannen kann.

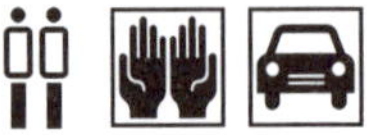

Ohne Räder

Glasfaser, Nylongurte

Noah Emergency Capsule

Cosmo Power

Japan

2011

Diese Notfallkapsel ist für eine über ausreichend Kleingeld verfügende Elite gedacht. Wie die Arche des Namensgebers soll auch dieses freche kleine Modul das Überleben bei Naturkatastrophen ermöglichen. Die von japanischen Ingenieuren entwickelte Kugel schwimmt bei Wirbelstürmen, Tsunamis und Erdbeben auf dem Wasser, ist schlagfest und luftdurchlässig. Die grelle Farbe soll das Auffinden durch Helfer erleichtern. Im Inneren ist Raum für vier Erwachsene, die auf einem eingebauten Sitz Platz nehmen und durch eine Luke nach draußen blicken können. In ruhigeren Zeiten kann der sonnengelbe Ball als Spielhaus für Kinder dienen.

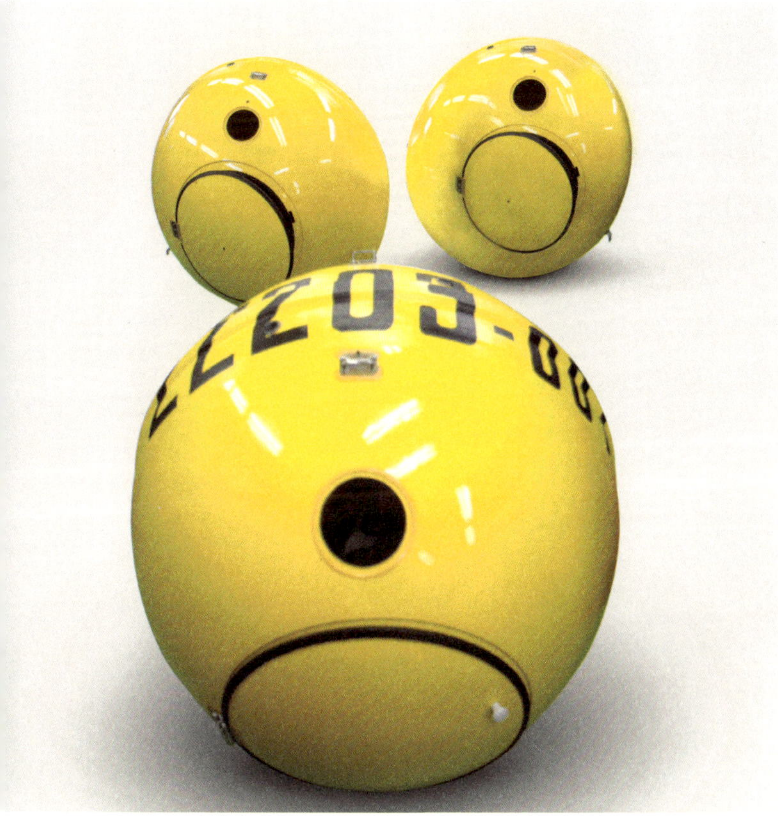

Stahl, Aluminium, isolierende keramische Innenverkleidung, seewasserbeständiger Edelstahl, Glasfaser

Digital Origami
Emergency Shelter
LAVA
Australien
2011

Der Digital Origami Emergency Shelter wurde für eine australische Ausstellung über die Gestaltungsmöglichkeiten von Notfallunterkünften entworfen. Der amorphe Innenraum wird von einer Holzhülle aus verformten Fünfecken umgeben. Inspiriert durch die Struktur von Wassermolekülen und industriell gefertigte Modelle besteht dieser Prototyp aus zugeschnittenen Sperrholzplatten, die so gegeneinander versetzt sind, dass sie von innen nach außen und umgekehrt wie durch eine Jalousie blicken lassen. Die ansprechende Form, die grünen Schnittkanten und die LED-Beleuchtung erwecken von Weitem den Eindruck, eine leuchtende Laterne vor sich zu haben.

Ohne Räder

Sperrholz, LEDs

Dieses Projekt wurde für das Kodomo no Kuni („Kinderland"), ein riesiges städtisches Naturschutzgebiet in der japanischen Metropole Yokohama, in Auftrag gegeben. Es besteht aus übereinandergestapelten Oktaederblöcken, die aus kräftigen Rahmen mit Holzfüllungen hergestellt sind. Die Füllungen sind durchbrochen, um das Klettern zu erleichtern. Das Klettergerüst ist drei Einheiten hoch und weist an unterschiedlichen Stellen Einstiege auf, die zum Hineinkriechen einladen. Die leichten, belastbaren Module können einfach transportiert und an Ort und Stelle zusammengesetzt werden, um erforschbare Räume zu schaffen.

![Kodomo no Kuni Park Climbing Boxes]

Holz, Stahlrahmen

APoC

IK Studio und
Canadian
Homelessness
Research Network

Kanada

2014

Dieses Projekt bietet eine preiswerte und respektvolle Behausungslösung für Obdachlose. Die leichte modulare Unterkunft wurde mit Blick auf den einfachen Transport entworfen. Ihre elliptische Form ergibt sich aus den kostengünstigen biegbaren Schichtholzplatten, die zu einer doppelschaligen Zelle verschraubt werden. Der Prototyp wird auch als Freizeitobjekt in Parks und auf Spielplätzen eingesetzt, um dem Stigma des Lebens ohne festen Wohnsitz entgegenzuwirken. Bei mehr als 200 000 Obdachlosen in Kanada ist die APoC (Architectural Prototype Capsule) ein Hoffnungsschimmer für alle, die dort auf der Straße leben.

Ohne Räder

Birkenschichtholz, Metallschrauben

Unidome

James Towner-Coston
Großbritannien
2014

Der Unidome bildet die Segmente einer Orange nach und schafft so eine stabile Unterkunft in Form einer Kuppel, in der man ruhen, feiern oder spielen kann. Die Entwicklung von James Towner-Coston besteht aus einem leichtgewichtigen Holzrahmen, der leicht zusammenzubauen ist. Die Rahmen sind mit durchsichtigem oder opakem Gewebe bespannt, das für Licht oder Schatten sorgt. Den Abschluss der zeitgemäßen Jurte bildet ein durchsichtiges Kunststoffelement, das diffuses Tageslicht eintreten lässt. Durch einen schicken, nach oben aufzuklappenden Eingang vervollständigt, ist der Unidome die clevere Variante eines modularen Systems.

Eschenholz, beschichtetes Gewebe, Holz, Polyethylen

Ruup

Estonian Academy
of Arts

Estland

2015

Eine Waldhütte, die ihre Umgebung akustisch verstärkt: Das Ruup-Projekt im estnischen Landkreis Võru entstand aus der Zusammenarbeit einer Gruppe von Architekturstudenten. Wie riesige Megafone unterstreichen die insgesamt drei Konstruktionen die Kunst der lautlosen Meditation. Sie bestehen fast vollkommen aus Holz und sollen als „Waldbibliothek" dienen, in der man zum Innehalten aufgefordert wird, um auf die Laute der Natur zu achten. Die Hütten sind groß genug, um ein paar Personen aufzunehmen, es lässt sich sogar darin liegen. Sie haben ihren Einsatz bei Musikveranstaltungen und als Unterkunft für Camper und Wanderer bereits bestanden.

Ohne Räder

Kiefernholz

Dom'Up

Bruno de Grunne,
Nicolas d'Ursel

Belgien

2015

Dom'Up ist das Ergebnis der Zusammenarbeit eines Architekten und eines Baumpflegers: ein Baumhaus, das im Einklang mit seiner Umgebung steht. Dabei klammert es sich nicht an die Äste, sondern schwebt im Raum zwischen den Bäumen, um optimalen Nutzen aus der Waldlandschaft, der Einsamkeit und seiner eigenen Architektur zu gewinnen. Die UV-beständige Doppelhaut, das zusätzliche Regendach, eine üppige Terrasse und ein großzügiger Innenbereich bieten Raum für bis zu vier Personen. Das tragende Gerüst aus verzinktem Stahl und der Fußboden aus Holz sorgen für die Stabilität dieses einfallsreichen und doch leichten Zufluchtsorts.

Stahlrahmen, Leinwand, Planen, Holz, Seile, Netze

Inflatable Gallery

Melissa Berry

USA

2009

Diese aufblasbare Galerie diente beim texanischen El-Cosmico-Festival als leichtgewichtiger und beweglicher Ausstellungsraum. Sie besteht aus einem Rahmen aus PVC-Röhren, der drei große, von Metallösen durchsetzte Kunststoffbahnen trägt. Die regelmäßige Anordnung der Ösen erinnert an einen Quilt und verweist damit auf die ausgestellten handgenähten Werke der Künstlerin. So entstand für nur etwa 150 US-Dollar eine markante Konstruktion, die sich an einem Nachmittag leicht errichten und mit Kabelbindern und Panzerband befestigen ließ. Tagsüber spendete sie angenehmen Schatten, nachts gab sie der Kunst einen leuchtenden Rahmen.

Ohne Räder

PVC-Röhren, Kunststoff, Metallösen, Panzerband, Kabelbinder

Air Bridge

Lambert Kamps

Niederlande

2001

Zu den Experimenten des Künstlers Lambert Kamps mit aufblasbaren Konstruktionen gehört auch dieses Projekt, das deren mögliche Spannbreite erforscht. Die flexible Brücke kann über die unterschiedlich breiten Kanäle Amsterdams gelegt werden und ist tragfähig genug für ihr Eigengewicht und das der sie überquerenden Passanten. Die Hülle aus PVC-Folie wird mit einer Fahrradluftpumpe zu einem begehbaren Tunnel mit quadratischem Querschnitt und runden Bullaugen, durch die man auf den Kanal blicken kann, aufgeblasen. Hierdurch wird aus einer weichen Kunststoffröhre eine stabile Struktur, die zudem noch viel Spaß macht.

PVC, Trampolin, Netz, Kordel

Exo

Reaction

USA

2005

Diese robuste Unterkunft für vier Personen wurde als Reaktion auf Hurrikan Katrina entwickelt. Das bescheidene und von seiner Struktur her effiziente Exo ist widerstandsfähiger als ein Zelt und praktischer als ein Wohnmobil und ist so die ideale Lösung für Notunterkünfte in Katastrophengebieten. Die Inspiration für die Hütte stammt vom stapelbaren, langlebigen und leichten Getränkebecher. Das Exo kann auf der Straße, mit der Bahn oder dem Flugzeug transportiert werden, und die beiden Teile sind so leicht, dass sie sich von wenigen Personen bewegen lassen. Sie sind mit Klappbetten oder Bürotischen und Steckdosen ausgestattet.

Ohne Räder

Außenschale aus Kompositmaterial, Kunststoff, Sand, LEDs

Trampoline Tent

Atlantic Trampolines

Großbritannien

2005

Diese Zelte sind „der springende Punkt" beim Campen. Mit einem Durchmesser von zweieinhalb Metern überspannen sie ein Trampolin und bieten so vor allem sommerliches Hüpfvergnügen. Die Hülle wird von drei zusammengesteckten Metallstangen gehalten und mit Klettverschlüssen und Klammern am Gestell befestigt, um bei Regenschauern einen kurzweiligen Rückzugsort zu bieten. Dieses Modell hat Netzfenster und -türen, die hochgebunden oder mit Reißverschlüssen geschlossen werden können, damit Insekten beim Belüften draußen bleiben. Das widerstandsfähige und feuerfeste Polyester verwandelt jedes Trampolin im Nu in ein Spielhaus.

Stahlrahmen, Metallgestänge, Polyester, Netzgewebe

Rendez-vous avec la Vi(II)e

Hans-Walter Müller

Frankreich

2014

Dieses provisorische Gebäude ist ein Blickfänger am Martin-Luther-King-Park im Pariser Stadtteil Batignolles. Der aufblasbare Pavillon wurde für eine dreitägige Ausstellung über die Geschichte und Zukunft des Viertels errichtet und bietet einen witterungsgeschützten, hellen Raum, in dem Modelle, Videos und Prototypen zur Wiederbelebung von Batignolles gezeigt wurden. Mit einer Spannweite von 16 Metern erhebt sich die Kuppel zwischen den beiden stabilisierenden Eingangspunkten. Mit Luftdruck lässt sich die rundum am Boden verankerte Folie schnell zur vollen Größe aufblasen und ermöglicht dann Ausblicke in alle Richtungen der Umgebung.

Ohne Räder

Kunststoff, Sperrholz, Gummi, Metall

Skum

Bjarke Ingels Group
(BIG)

Dänemark

2016

Skum ist ein Pavillon des dänischen Architekturbüros BIG aus aufblasbaren Blasen, der 170 Feiernden Schutz bietet. Im Sommer ist er fester Bestandteil der Festivallandschaft in Dänemark, der beim Roskilde-Festival ebenso zu sehen ist wie bei der Chart Art Fair in Kopenhagen und vor dem ARoS Aarhus Kunstmuseum. Skum (Dänisch für „Schaum") wird von zwei Windturbinen aufgeblasen, mit Zeltleinen verankert und ist mit LEDs besetzt, die nachts eine leuchtende Blasen-Landschaft erzeugen. Aber nichts dauert ewig: Wenn die Party vorbei ist, lässt Skum schnell die Luft ab und wird einfach weggeräumt. Natürlich nur bis zu nächsten Party.

Kunststoff, Windturbinen, LEDs, Seile

Blob VB3

dmvA architecten
Belgien
2009

Blob VB3 war die Antwort des belgischen Architekturbüros dmvA auf bürokratische Bauvorschriften, die mehrmals zur Ablehnung einer geplanten Erweiterung seiner Geschäftsräume geführt hatten. Das unkonventionelle Ergebnis ist nicht genehmigungspflichtig und bietet in einer Einheit Küche, Schlafzimmer und ein Bad. Die strahlend weiße Kapsel besteht aus Holz, das mit Polyesterfüllmasse überzogen ist. Im Inneren des Wohnmobils gibt es jede Menge platzsparende Ablagefächer. Ein Ende kann hochgeklappt werden, um einen geschützten Sitzplatz zu schaffen. Die Abmessungen sind auf Standardcontainer abgestimmt, um den Transport zu erleichtern.

Ohne Räder

Holzrahmen, Füllmasse, Polyester

Polaris M

MUD Projects

Niederlande

2013

Dieser innovative Entwurf entstand für die Urban Campsite, eine experimentelle Campingausstellung in der Nähe von Amsterdam. Dieses Modell mit eklektizistischem Ansatz nutzt Zufallsfunde, um eine komfortable Campingunterkunft zu schaffen. Anstatt noch mehr Material in die urbane Landschaft zu stellen, führt MUD mit dem Polaris M ein altes Polyestersilo einer neuen Verwendung zu. Der Behälter wurde auf die Seite gelegt und anschließend auf grellgrüne Beine gestellt. Der verglaste Eingang lässt sich aufklappen und bietet Zugang zu einem Innenraum mit schmalen Bänken und einem Holztisch, in dem man schlafen, sich erholen oder essen kann.

Ohne Räder

Glasfaser, Metall, Holz, Acrylglas, Stahl, Polyester

OTIS – Optimal
Traveling
Independent Space
Green Mountain
College
USA
2014

OTIS (Optimal Traveling Independent Space) ist eine von 16 Studenten des Green Mountain College erstellte alternative Version des amerikanischen Traums. Das Häuschen passt auf einen normalen Anhänger und bietet in seiner Holzhülle eine beeindruckende Vielfalt von Einrichtungsgegenständen: ein Bett, einen Schreibtisch, eine Spüle, einen Holzofen, eine Toilette, eine 120-Watt-Solaranlage und einen Regenwassersammelbehälter. OTIS ist wartungsarm, mobil und ökonomisch und somit Ausdruck eines Interesses, das eher auf Erleben als auf Besitzen gerichtet ist. Es lässt sich mit einem Pkw ziehen und inspiriert zu einem Nomadendasein.

Stahlchassis, Holz, Glas, Ofenrohr, Solarpaneel

Cozy Shelter

Lambert Kamps

Finnland

2013

Diese kreative Variante der Grundidee großer aufblasbarer Kon-struktionen mag militärisch wirken, verfolgt aber ganz andere Ab-sichten. Dieser Schutzraum besteht aus einem langen Schlauch, der aufgeblasen und dann verschlossen wird. Die entstandene Schlange wird mit roten Gurten und Schnallen zu einer selbsttragenden Struktur stabilisiert, die in unterschiedliche Erscheinungsbilder gebracht werden kann. Obwohl das Äußere in Farbe und Form an Sandsäcke erinnert, lässt sich daraus nicht auf das Innere schließen, das mit karierten Decken ausgestattet ist und so das „cozy" („ge-mütlich") im Namen rechtfertigt.

Ohne Räder

Aufblasbarer Schlauch, nautisches Gewebe,
Decken, Gurte

City Aground

Mixuro Studio of
Architecture

Spanien

2014

City Aground wurde für das Fallas-Fest, das alljährlich in Valencia gefeiert wird und nach fünf Tagen mit rituellen Freudenfeuern endet, hergestellt und brachte Menschen und Karton zusammen: die geodätische Kuppel als ein architektonisches Symbol für die gesamte Gemeinschaft. Jedes der großen Dreiecke steht für eine der Gruppen, die zur Errichtung beigetragen haben. Das leichte modulare Holzgerüst stand auf einer Sandfläche und lud für eine Weile mit wechselnden Farben, Licht- und Schattenwurf zum Spielen ein. Am Ende des Festes wurde das Objekt im Rahmen der stadtweiten Feiern angezündet und abgebrannt.

Karton, Sperrholz, Holz, Metallschrauben

Corogami Hut

David Penner

Architect

Kanada

2010

Japanische Präzision und kanadisches Flair wirkten zusammen – und über Nacht entstand ein Eishaus. Als nicht geladener Teilnehmer des jährlichen Warming-Huts-of-Winnipeg-Wettbewerbs hinterließ Corogami Hut bei den frierenden Eisläufern warme Gefühle. Das Gebilde besteht aus gefalteten Kunststoffwellplatten und schützt vor den bitterkalten Winden. Seine Schönheit liegt in der Simplizität: Mit nur vier Faltungen entsteht eine stabile Struktur, deren großzügiger Innenraum von außen sanft erleuchtet wird. Im Winter wird die Hütte verankert, indem man die Sperrholzfüße wässert, damit sie zu Eisblöcken werden. Im Frühjahr tauen sie auf, und man baut die Hütte ab.

Ohne Räder

Kunststoffwellplatten, Sperrholz, Metallschrauben

Portable Housing Space

Winfried Baumann

Italien

2009

Seit 2001 arbeitet der Deutsche Winfried Baumann an der Serie Building Life Systems, mit der die Not der Obdachlosen gelindert werden soll. In dem hier gezeigten Entwurf Portable Housing Space werden Container aus Stahlgeflecht übereinandergestapelt. Auf der Grundfläche eines schmalen Einzelbetts gibt es außer für Tragetaschen und Schlafsäcke keinen Privatraum und nur ein Mindestmaß an Sicherheit. Die reduzierte, aber elegante Lösung erinnert an ähnliche Versuche in überbevölkerten Metropolen wie Hongkong. Trotz seiner Finesse ist das Projekt eine aufrüttelnde Erinnerung an die Herausforderungen, die das Leben als Obdachloser mit sich bringt.

Verzinktes Stahlgewebe, Sperrholz, Schlafsäcke

Firefly

Garrett Finney

USA

2014

Das Modell Firefly wird als „Wohnmobil und Werkzeugkasten" beschrieben und basiert auf Erfahrungen, die sein Schöpfer Garrett Finney bei der NASA gesammelt hat. Das Ergebnis ist ein leichtes, stabiles und kompaktes Fahrzeug auf Stelzen. Es lässt sich auf der Ladefläche eines Anhängers oder Pick-ups transportieren und bietet alles Notwendige für ein mobiles Leben. Im Inneren ist gerade genug Raum für ein Doppelbett. Fenster nach allen Seiten und zwei große Türen heben die Trennung von Innen- und Außenwelt auf, und ein versetzbarer gelber Schirm bietet Schutz vor Sonnenstrahlen. Stauraum und Wassertanks sorgen für Unabhängigkeit.

Ohne Räder

Aluminium, EPS-Schaum

Mountain Research

General Design

Japan

2008

Die Zelte in strahlendem Gelb gehören zur Kobayashi Residence, einem rustikalen Wochenendresort. Diese mobilen Behausungen gehen auf Buckminster Fullers geodätische Kuppeln aus den 1950er-Jahren zurück und bieten Raum für bis zu acht Personen. Ursprünglich wurden die Zelte der North-Face-Serie entwickelt, um den Anforderungen eines Basislagers für Bergsteiger gerecht zu werden und extremen Witterungsbedingungen aller Art zu widerstehen. Aufgrund ihrer Geometrie und Konstruktion sind die Modelle der Zwei-Meter-Größenklasse stark belastbar und werden hier zweckentfremdet, um häusliche Geborgenheit zu bieten.

Nylon, Aluminium

The Accordion

reCover Shelter

Matthew Malone,

Amanda Goldberg,

Jennifer Metcalf,

Grant Meacham

USA

2008

Diese Ziehharmonikakonstruktion lässt sich schnell aufbauen, um vier Personen Schutz zu bieten, und erinnert damit an die Rolle, die Architektur in Katastrophenfällen zukommt. Die ausziehbare Form besteht aus Polypropylen und ist als erste Hilfsmaßnahme für Obdachlose und Vertriebene gedacht. Der reCover Shelter ist auf der Straße, auf Schienen und in der Luft leicht zu transportieren und stellt schnell eine preiswerte, recycelbare Unterkunft zur Verfügung. Man kann ihn durch örtlich verfügbare Materialien ergänzen, um ihn zu dämmen und komfortabler zu gestalten, und mehrere Exemplare zusammenfügen, um größeren Gruppen Platz zu bieten.

Ohne Räder

Polypropylen

Fantastic Trailer
Cheryl Baxter
USA
2012

Ein fast ätherisches Fantasiegebilde aus fünf Säulen wächst aus einem Pkw-Anhänger und schwankt im Wind. Die Kombination aus dreiteiligen Gewebeschläuchen und Industriegebläsen hängt an Stahlrohren, die an der Ladefläche befestigt sind. Nach dem Entfalten tanzt das Nylon, und die Grenzen zwischen Stoff und Struktur verschwimmen. Die Sitzgelegenheiten auf dem Anhänger laden zum Verweilen und Sinnieren inmitten dieser erstaunlichen Konstruktion ein. In der Dämmerung kommt es dann zur nächsten atemberaubenden Verwandlung, wenn die integrierten LEDs leuchtende Laternen entstehen lassen, die sich bei jedem Lufthauch bewegen.

Anhängerchassis, Schattierungsgewebe, Ripstop-Gewebe, Gebläse, Stahl, Kunstrasen

A–Z Wagon Station

Andrea Zittel

USA

2000

Andrea Zittel beschäftig sich intensiv mit der Frage, was der Mensch benötigt, um sich zu entwickeln und zu überleben, und worauf er verzichten kann. In diesem Zusammenhang ist auch das Wagon Station Encampment zu sehen, das sie auf ihrem Besitz in der Nähe des Joshua Tree National Parks errichtet hat. Die zwölf von der Künstlerin entworfenen Container aus Stahl und Aluminium sind spartanische Unterkünfte, die zweimal im Jahr für die Gegenleistung eines täglich einstündigen Arbeitseinsatzes an Besucher vergeben werden. Sie stehen in der felsigen Wüstenlandschaft und bieten kaum mehr als eine Matratze, Kleiderhaken und eine Ventilationsöffnung.

Ohne Räder

Stahlgerüst, Sperrholz, Acrylglas, Baumwolle

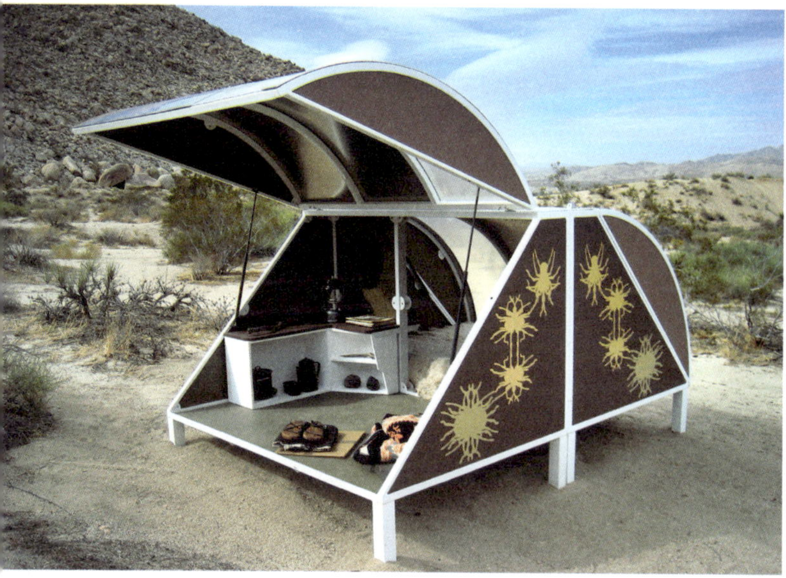

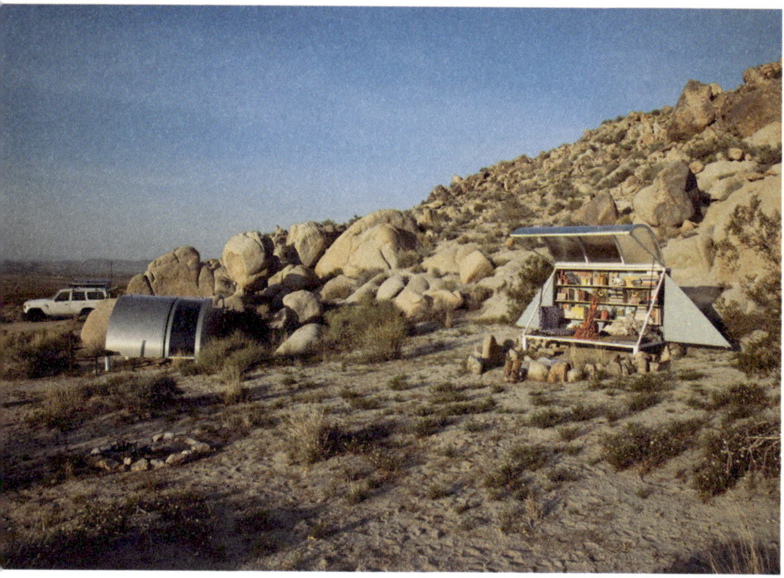

Bruuns Bazaar
Pop-Up Kiosk
Bureau Detours
Dänemark
2011

Dieser winzige Kiosk für die Bekleidungsmarke Bruuns Bazaar ist als Ladenlokal konzipiert, das an den Glamour der luxuriösen alten Schrankkoffer erinnern soll. Im Inneren des schwarzen Containers verbergen sich die Schätze der neuen Modesaison. Die Inneneinrichtung ist aus Sperrholz gefertigt und bietet passgenau eine ansprechende Verkaufsumgebung für die Kollektion der angesagten dänischen Marke. Von den Kleiderbügeln über die Kasse bis zu Lager- und Präsentationsmöglichkeiten ist jedes Detail aus Holz, sodass ein gemütlicher Innenraum entsteht. Ein Neonpfeil weist dem Kunden den Weg zu einem innovativen Konsumerlebnis.

Ohne Räder

Schiffscontainer, Sperrholz, Leuchtstoffröhren

Graph

Rintala Eggertsson
Architects

China

2009

Graph ist ein modulares und stabiles Element für Unterkünfte in Katastrophenfällen, die für die Ausstellung Crossing: Dialogues for Emergency Architecture im National Art Museum of China konzipiert wurde. Beide Entwurfsvarianten bestehen aus laminiertem Holz in einer Gewebehülle, die als Isolierung und Witterungsschutz dient. Die kompakte rechteckige Form ist einfach zu transportieren und lässt sich zu einem Bausatz zerlegen, der auch in abgelegene und raue Gegenden gebracht werden kann. Graph erfüllt die Grundbedingungen für Notfalleinsätze: leicht, robust, preiswert und Sicherheit bietend – in praktischer und emotionaler Hinsicht.

Schichtholzplatten, Kunststoffplane

Mobile Little Room

Tian Yuan
und Xu Beiwen

China

2011

Dieses winzige, transportierbare modulare Zimmer wurde von Studenten der Forestry University in der chinesischen Stadt Nanjing entworfen. Es ist eine preiswerte Lösung für eine einfach aufzustellende und persönlich einzurichtende Unterkunft. Hinter der bunt karierten Hülle verbinden sich ein Bett aus Kartons und kleine Schubladen mit der Innenverkleidung zu einem schlichten Raum. Die gute Verfügbarkeit der Materialien sorgt für einen geringen Preis – nur etwa 300 US-Dollar kostet eine Einheit. Der Würfel wird seinem Namen gerecht und lässt sich binnen nur einer Stunde schnell aufbauen und auch wieder demontieren.

Ohne Räder

Stahlrahmen, Holz, Spanplatten, Kunststoff, Acrylglas

KODA

Kodasema

Estland

2016

KODA ist ein versetzbares Haus, das an einem Tag aufgebaut werden kann und der Bedeutung eines Zuhauses und seiner Umgebung Rechnung trägt. Nach vorne öffnet sich der Blick durch eine große zurückversetzte Glasfront. Der Entwurf des estnischen Design-Kollektivs Kodasema wird aus vorgefertigten Bauteilen ohne Fundament errichtet. Er kann für unterschiedliche Zwecke verwendet werden – als Sommerhäuschen, Café, Büroraum oder Werkstatt. Der wärmegedämmte Innenraum kommt ohne Trennwände aus. Solarpaneele ermöglichen Energieautarkie, und trotz der geringen Maße gibt es Küche, Badezimmer, Zwischengeschoss und eine Terrasse.

Beton, Solarpaneele, Glas

Emergency Plastic	
Crate Shelter	
ECS-p1	
Lebanese American	
University	
Libanon	
2014	

ECS-p1 ist keine mathematische Aufgabe, sondern ein architektonisches Konzept. Das Gemeinschaftsprojekt von Studenten der Lebanese American University ist eine provisorische Notunterkunft für Katastrophenfälle. Es besteht aus zwei Arten leicht verfügbarer und preiswerter Alltagsgegenstände: Kunststoffkisten und Kabelbinder. Boden, Dach und alle vier Wände bestehen aus den entsprechend zusammengestellten strukturellen Einheiten, weitere Kisten spielen nicht tragende Rollen als Stauraum, Tische und Stühle. Der schlichte, licht-gesprenkelte Innenraum ist eine praktische Lösung für den Einsatz bei Naturkatastrophen.

Ohne Räder

Kunststoffkisten, Kunststoffkabelbinder

Light House

All(zone)
USA
2015

Light House ist ein Leuchtturm, der dem Wandel den Weg weist, indem er sich dem Problem der Lebenskosten in Großstädten zuwendet. Die Miniaturunterkunft wurde für die Chicago Architecture Biennial in Auftrag gegeben und besteht aus einem mit Polyethylen beschichteten Metallgerüst, das auf einem Sperrholzboden steht und innen Regale und außen eine Hülle aus Nylon trägt. Textilien unterschiedlicher Blickdichte schaffen im Innenraum Zonen zum Arbeiten, Schlafen und Umkleiden. Die Prototypen sind zur Aufstellung in leer stehenden Gebäuden in tropischen Großstädten vorgesehen, wo das Klima mild ist und die Mieten hoch sind.

Ohne Räder

Polyethylenbeschichtetes Metall, Nylon, Polyester, kunststofflaminiertes Sperrholz

To Many Places

Emmy Polkamp

Niederlande

2015

Das Konzept für ein Zelt-Hotel ohne dauerhaft feste Adresse von Emmy Polkamp belebt leer stehende Gebäude mit mobilen Unterkünften. Jede Einheit kann ein oder zwei Personen beherbergen und bietet neben einem Bett auch Stauraum für Städte-Hopper. Die Zelte sind durch riesige Nummern identifizierbar, bestehen aus Holzrahmen mit hellen Leinwandhüllen und lassen sich in Kisten verstauen, die aus dem Zeltboden zusammengesetzt werden. Gemeinschaftsküchen und soziale Angebote, die sowohl Einheimischen als auch Gästen offenstehen, ergänzen das Projekt und erfüllen aufgegebene Gebäude mit neuem Leben.

Sperrholz, Leinwand

Chiton

D'Milo Hallerberg
USA
2012

Wie die Schale einer Muschel bietet Chiton in der Wüste von Nevada Schutz und Intimität. Es ist eine der vielen einfallsreich improvisierten Unterkünfte beim Burning-Man-Festival und zeichnet sich durch die geschickte Verwendung eines zusammenschiebbaren Gestänges aus. Die beiden sechsteiligen Hälften stehen auf vier stabilen Füßen und grenzen ihren Innenraum auf optisch ansprechende Weise nach außen ab. Chiton bietet Schutz vor der Sommersonne, Sandstürmen und dem Lärm der Feiernden. Im Inneren kann man sich auf bequemen Sitzen erholen, essen und eine schattige Pause vom Tanzen einlegen.

Ohne Räder

Kunststoffrohre, Nylon

En-Fold

Woods Bagot

Australien

2013

Diese Faltkonstruktion wurde als Teil der australischen Ausstellung Emergency Shelter in Auftrag gegeben, die sich mit der Rolle der Architektur bei der Bewältigung von Naturkatastrophen beschäftigte. Der elegante Schutzraum schafft mit einem „Haut-und-Knochen"-Konzept ein in sich stabiles und belastbares Gerüst, das aus einem Material-Minimum ein Nutzen-Maximum generiert. Die einfache Ziehharmonikaform kann auseinandergezogen werden, um den Raum unter dem lichtdurchlässigen Dach zu vergrößern. Zu dem strukturell effizienten Entwurf gehört auch eine schlichte L-förmige Bank, die im Innenraum Sitzgelegenheiten bietet.

Stahl, Papier

Mobile Eco Second Home

Sanei Hopkins Architects

Großbritannien

2008

Dieser kleine Gartenpavillon ist das Ergebnis von Fleiß und Sparsamkeit. Er entstand als bewegliches Gebäude für einen Besitz in der englischen Grafschaft Suffolk und enthält sechs Etagenbetten. Die Enden der unteren Betten dienen als Leitern, die zu den oberen führen. Das mobile Gästehaus besteht aus Material, das nach dem Bau eines Spielhauses übrig geblieben war: Wellkunststoffplatten, Aluminiumverkleidungen und Holz. Die Räder lassen sich abnehmen und anbringen, indem der Pavillon zur Seite geneigt wird. Das Ganze ist so leicht, dass es von zwei Personen bewegt und über größere Entfernungen mit einem Pkw gezogen werden kann.

Ohne Räder

Holz, Kunststoffwellplatten, Aluminium-Wellplatten, Räder

RDM (Rapid Deployment Module)

Visible Good

USA

2013

Das Rapid Deployment Module bietet eine brauchbare Alternative zu den Unsicherheiten des Lebens in Zelten im Bereich der Notunterkünfte. Die Module sind leicht, stabil und einfach zu transportieren. Sie bestehen aus einem hochbelastbaren Kunststoffkorpus, der Fenster, abschließbare Türen und ein Dach aufweist, das Belüftung ermöglicht und mit und einem Sonnensegel versehen ist. In einer Stunde lassen sich die Module aus einem Bauteilesatz errichten. Sie eignen sich für unterschiedliche klimatische Bedingungen und für abgelegene Gebiete. Die verstellbaren Füße sorgen für Schutz vor Ungeziefer und kleineren Überflutungen.

Stahlgestänge, Kunststoff, Acrylglas, Nylonseile, Gewebe

3D Printed House

3M FutureLAB

USA

2014

Diese raffinierte Unterkunft macht aus der scheinbar futuristischen Idee der dreidimensional gedruckten Architektur Wirklichkeit. Das 3D Printed House wird mit industriellen 3D-Druckern hergestellt. Die Schale enthält die wichtigsten Voraussetzungen zum Leben: eine Küche, ein Bett, einen Klapptisch und eine Toilette. Der Entwurf nutzt den zur Verfügung stehenden Raum vollkommen aus – bis hin zu Staumöglichkeiten unter dem Boden. Die beiden Hälften des Hauses werden aus Klebstoff und einem aus Sand hergestellten Kunststoff angefertigt. Das Ergebnis kann als übergroßes Möbelstück betrachtet werden, das sich drinnen wie draußen aufstellen lässt.

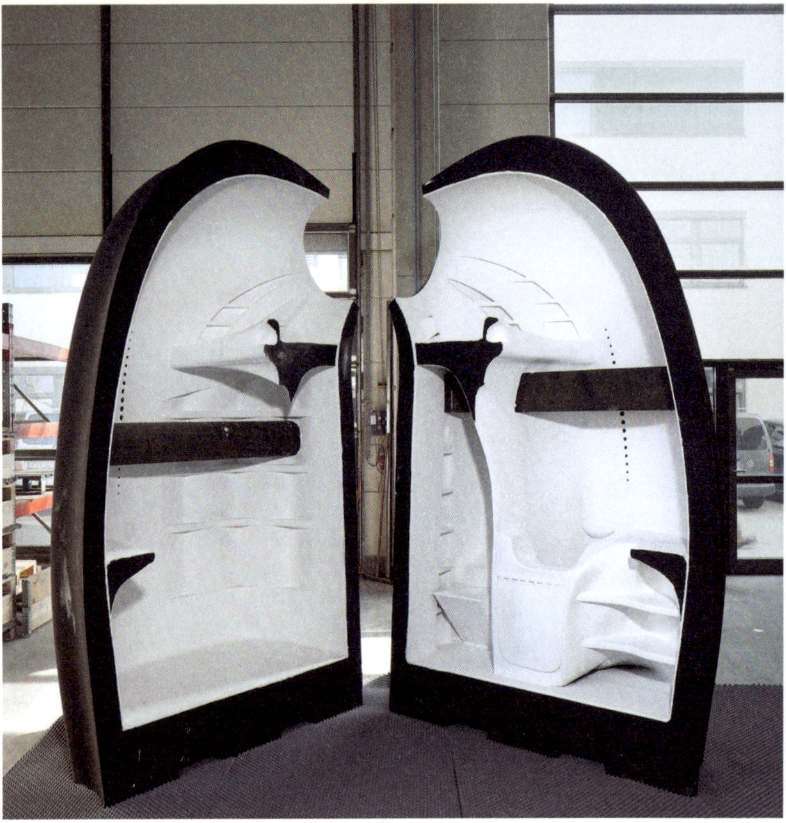

Ohne Räder

Kunststoff, Klebstoff

U-Dome

World Shelters

USA

2009

Der U-Dome ist als Übergangsbehausung für Katastrophengebiete gedacht und wird von der gemeinnützigen amerikanischen Organisation World Shelters hergestellt. Die Kuppelbauten bieten Platz zum Leben, für medizinische Einrichtungen, für die Hilfsorganisationen und für Lagerzwecke. Die preiswerten, haltbaren, wiederverwendbaren Gebäude bestehen aus Wellkunststoffplatten, die zu einer geschlossenen Hülle gefaltet und zusammengesteckt werden. Sie sind witterungsbeständig und wasserfest, haben Türen und funktionsfähige Fenster aus Acryl, sodass leichter Zugang und gute Ventilation gewährleistet ist.

Polypropylenwellplatten, Acrylglas, Kunststoff

Travelbox

Juust

Deutschland

2015

Dieser Möbelcontainer ist eine sinnvolle Lösung für alle, die mit einem kleinen Budget unterwegs sind. Der Entwurf von Stefan Juust ermöglicht es dem Besitzer, den Komfort seines Heims einfach, schnell und stilvoll zu transportieren. In dem nur 60 Kilogramm wiegenden Kasten aus Holz und Edelstahl befindet sich eine kleine, robuste Wohnungsausstattung: ein Bett, ein Tisch, Stuhl und Regale. Anstelle von Verschwendung und der Kosten des wiederholten Neukaufs steht hier die Vorstellung eines bleibenden Rahmens für das Leben, sodass auch der Nomade auf eine vertraute Umgebung blicken kann, wo immer er auch sein mag.

Ohne Räder

Holzrahmen, Aluminium, Bettzeug, Tisch, Fahrrad, Stühle

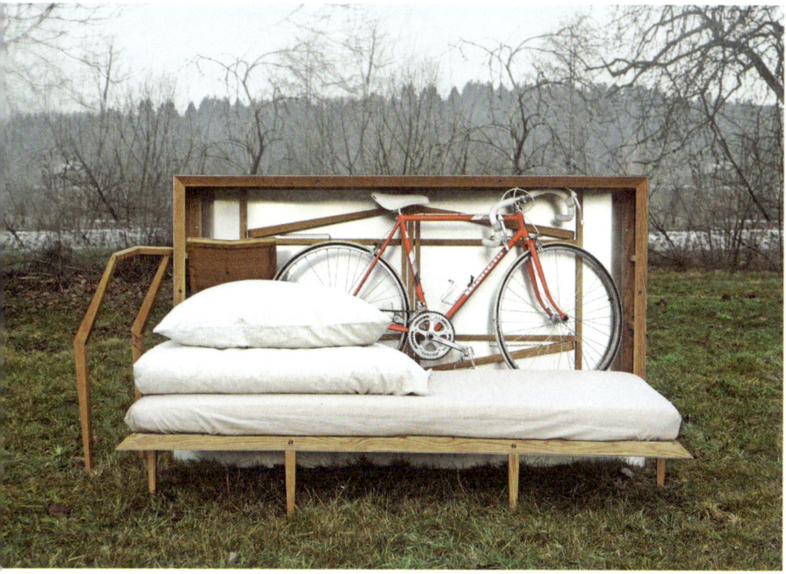

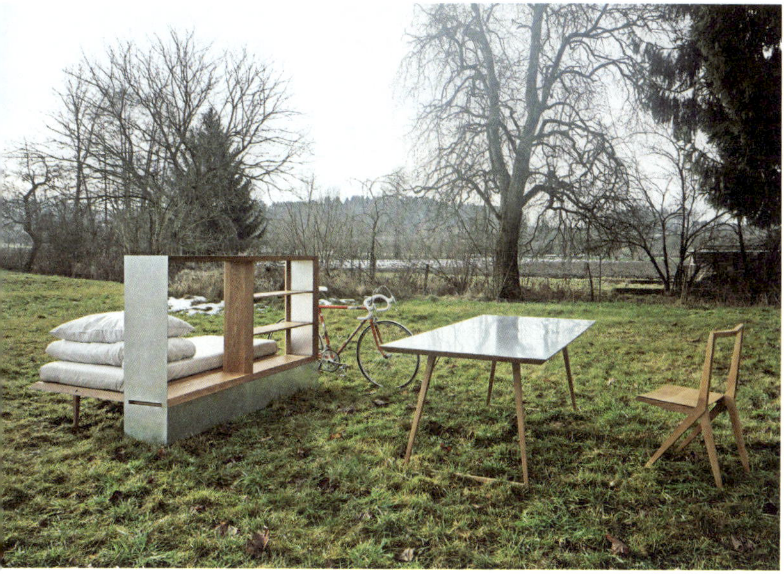

Mensch

Ohne Räder

Ein & Zwei Räder

Drei Räder

Vier Räder

Fünf +
Räder

Kufen +

Wasser

Mobile Kitchen

Geneva University of
Art and Design

Schweiz

2013

Die Mobile Kitchen ist als alternative Erweiterung eines modernen
Gebäudes gedacht – eine bewegliche architektonische Lösung, die
zusätzlichen Raum bietet, ohne mit bereits vorhandenen Elementen
zu korrelieren. Sie zitiert die Vielfalt beweglicher Alltagsarchitek-
tur und besteht aus einem einfachen Stahlrahmen, der auf zwei
Fahrradrädern befestigt ist. Die kleine Küche ist mit Zubehör deko-
riert und bietet dem Amateurkoch alles, was er braucht, einschließlich Stauraum und Beleuchtung. Wie vier andere Varianten, die
beispielsweise als Bücherregal oder Mediencenter dienen, belebt
die farbenfrohe Mobile Kitchen ihre Umgebung.

Ein & Zwei Räder

Stahlrahmen, Sperrholz, Gipskartonplatte,
Räder, Küchenutensilien

Pop-Up Caravan

Tas-ka

Niederlande

2014

Dieser Wohnwagen war eines der Exponate, mit denen beim Design-Quarter-Festival in Den Haag das niederländische Design gefeiert wurde. Das Designteam Tas-ka von Jantien Baas und Hester Worst hat sich seinen guten Ruf mit einfallsreichen Drucksachen erworben. Dieser grün-weiße Caravan ist ein fröhlicher provisorischer Verkaufsraum für ihre Kollektion, zu der auch Bücher, Kalender und Kissen gehören. Die Außenwände des bescheidenen Wagens sind von ungewöhnlichen Acryleinsätzen durchbrochen, die die Waren im Inneren einrahmen, und so diente der Hänger Tas-ka während der dreitägigen Veranstaltung auch als perfekte Werbeplattform.

Stahlchassis, Aluminium, Gummi, Stahlwellblech, Acrylglas, Spanplatte

Snail Shell System

N55

Niederlande

2001

Das Snail Shell System ist eine der vielen Schöpfungen des niederländischen Designkollektivs N55 und stellt sesshafte Lebensweisen infrage. Das Gehäuse besteht aus einem zylindrischen Polyethylentank, der am Rand mit aus Türmatten erstellten Gleisketten umwickelt ist. Es wird einfach an den Bestimmungsort gerollt – oder gerudert, falls es auf einem Gewässer verwendet werden soll –, wobei die Gleisketten als Stoßschutz oder Steuerungshilfe dienen. Ein Loch an der Seite ist der Einstieg in die Snail Shell, daneben befinden sich Lenzpumpe, Paddel und Lufteinlass, sodass man für Unternehmungen auf dem Meer, auf Flüssen und Seen gut gerüstet ist.

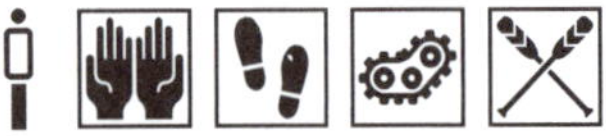

Ein & Zwei Räder

Polyethylen, Gleisketten, Acrylglas, Stahlösenschrauben, Lenzpumpe, Paddel, Schaumstoffplatte

Caravan
Carwyn Lloyd Jones
Großbritannien
2015

Dieser schillernde Wohnwagen des walisischen Tischlers Carwyn Lloyd Jones ist aus einem heruntergekommenen gebrauchten Caravan entstanden. Er ist kompakt, einfach zu ziehen und fällt durch die unverwechselbare Außenhaut aus 4000 CDs auf, die an Fischschuppen erinnern. Im winzigen Inneren gibt es eine Küche, einen Wohn-Schlafraum mit überraschend viel Staufläche sowie eine selbst entwickelte Komposttoilette – alles aus Holzresten angefertigt. Auch die anderen Materialien sind meist wiederverwertet, sodass die Herstellungskosten gering waren. Das i-Tüpfelchen ist der Fußboden, der aus alten Vinylschallplatten verlegt wurde.

Wohnwagen, Holz, Spanplatte, CDs,
Vinylschallplatten, Glas

Bikamper
Topeak
Großbritannien
2005

Der Bikamper spricht begeisterte Fahrradfahrer an, die außerdem gerne zelten. Er wurde für den Transport in Satteltaschen entwickelt und wiegt insgesamt weniger als zwei Kilogramm. Die einfache dreiseitige Hülle nutzt den Fahrradrahmen als Stütze, und der Eingang aus Ripstop-Nylon wird vom Lenker gehalten. Das andere Ende des Zeltes wird von dem abgenommenen Vorderrad geformt und die gesamte Hülle durch kräftige Zeltleinen stabilisiert. Ein einfache, schnell aufgebaute Schlafstatt für Einzelpersonen, die durch ihre geringen Abmessungen und raffinierte Montage bald zu einem unverzichtbaren Begleiter für das Leben auf der Straße wird.

Ein & Zwei Räder

Ripstop-Nylon, Nylontaft, Fahrrad, Zeltleinen, Heringe

Dieses clevere, nachhaltige Projekt ist ein Mietwohnwagen für Fahrradtouren in den nördlichen niederländischen Provinzen. Die schwungvolle Karosserie sorgt für eine gute Aerodynamik, und die leichte Holzkonstruktion hält das Gewicht in Grenzen. Der Anhänger lässt sich mit einem normalen Fahrrad ziehen und bietet einen Schlafplatz, Stauraum und eine Koch-Ess-Klappe an der Rückseite. Der Komfort wird durch Insektengitter erhöht und das Innere durch die breite Tür und ein Fenster erhellt. Nach einem langen Tag auf der Straße liefert das Solarpaneel auf dem Dach Energie für die Beleuchtung oder um Mobilgeräte aufzuladen.

Anhänger, Sperrholz, Stahlstrebe

Life Pod

Michael R Weekes

USA

2016

Diese facettenreiche mobile Wohneinheit des Ingenieurs Michael R. Weekes bietet Platz für ein nicht stationäres Leben. Sie wird an beiden Enden durch geodätische Kuppeln brgrenzt. Zwischen ihnen liegt ein zehnflächiger Zylinder mit einem stabilen Innenrahmen aus Holz. Die Hülle aus Sperrholzplatten ist mit thermoplastischem Schaum gut isoliert. Trotz der geringen Innenmaße ist der Life Pod für zwei Personen gedacht und bietet eine überraschende Vielfalt an Annehmlichkeiten – einschließlich einer Spüle und eines Badezimmers. Zwei Bullaugen bieten Ausblicke, und eine großzügig bemessene Tür gewährt Zutritt zum Innenraum.

Ein & Zwei Räder

Anhänger, Holzgerüst, Sperrholz, thermoplastischer Schaumstoff

Mehrzeller

Nonstandard

Österreich

2013

Eine ungewöhnliche Antwort auf das zunehmende Interesse an nomadischen Lebensweisen stellt dieser mehrzellige Wohnwagen mit seinen maßgeschneiderten Innenräumen dar. Im Gegensatz zu den unveränderbaren Einrichtungen seiner Vorgänger lässt sich die Möblierung dieses Campers mit einem computergestützten „Konfigurator" entwerfen, der individuelle Lösungen liefert. Das vielflächige Äußere des Mehrzellers erinnert an eine facettierte Wolke auf Rädern, ein Gefühl, das sich im Inneren fortsetzt. Hinter der glänzenden Außenhaut befindet sich eine großzügige Küche, ein Ess- und Wohnraum, eine Schlafnische und ein Badezimmer.

Stahlchassis, Gipskartonplatte, Spanplatte, Räder, Glas

The Classic American
Dream Trailer

American Dream	
Trailers	
USA	
2013	

Der Classic American Dream Trailer ist sowohl Wohnwagen als auch Ruderboot – eine unwiderstehliche Kombination. Die Entwicklung des Ehepaars Dahlman erweckt eine klassische Lösung zu neuem Leben, indem sie das auf dem Dach befestigte Boot beibehält, die Unterkonstruktion jedoch durch eine Glasfaserkarosserie auf den neuesten Stand bringt. Auf seinem stabilen Stahlchassis hat der Wohnwagen einen für zwei Erwachsene maßgeschneiderten Schlafraum und eine Heckklappe mit Kochgelegenheit. Jedes Modell verfügt über ein Boot, das bei Erkundungsfahrten mit Außenbordmotor oder Rudern auf dem Wasser angetrieben werden kann.

Ein & Zwei Räder

Stahlchassis, Glasfaser, Acrylglas, Sperrholz

My Carriage

Olaf Mooij
Niederlande
2015

Olaf Mooij verbrachte seine Kindheit damit, Fantasiegebilde aus Gegenständen zu bauen, die seine Eltern für den Fall eines erneuten Krieges aufgehoben hatten. In My Carriage zeigt sich die experimentelle, sparsame Methodik, die seine gesamtes Werk auszeichnet. Das mobile Atelier ist ein Potpourri aus wiederverwendeten Fundobjekten – auf Eisenrädern steht ein großer Glasfaserzylinder, der mit Künstlerbedarf, Lichtern und einem Computer ausgestattet ist. Das Ganze mag wie eine Requisite aus Mad Max wirken, aber das exzentrische Äußere darf nicht über den Einsatzzweck als bewegliches „Refugium" für schöpferisches Arbeiten hinwegtäuschen.

Ein & Zwei Räder

Glasfaser, Stahlchassis, Aluminium, Räder, Sperrholz, Kunststoff

The Sauna Stoke 2.0

Mika Sivho

Kanada

2016

Fahrbar, wärmend, zuverlässig – das Einzige, was an dieser mobilen Sauna eines finnischen Handwerkers vielleicht nicht so ganz passend ist, ist ihr Standort: British Columbia, ganz im Westen Kanadas. Sivhos Sauna auf Rädern ist der Versuch, seine Heimat etwas näher heranzuholen. Jedes Exemplar seiner Stoke-Sauna wird fast vollkommen in Handarbeit angefertigt und bietet sechs Erwachsenen, einem Saunaofen und dem Feuerholz Platz. Die Sauna wiegt etwas mehr als eine Tonne und wird auf einem stabilen Anhänger angebracht, sodass sie dorthin gezogen werden kann, wo man die Wärme, die Gespräche und die Behaglichkeit der Sauna genießen möchte.

Stahlanhänger, Aluminium, Rotzeder, Eisenofen

The Wheel House

TMB Design Bristol für
Acroujou

Großbritannien

2008

Das Wheel House entstand im Auftrag der Zirkusartisten Acroujou und erweckt seine eigene Geschichte in Form eines rollenden
Bühnenbilds zum Leben. Es wurde für den Straßenkünstlerzusam-
menschluss Without Walls als mobile Kulisse entworfen, in der die
Akrobaten Jeni Barnard und Barney White eine postapokalyptische
Erzählung ausleben. Die Darsteller erobern die sich bewegende
Bühne, und die Zuschauer folgen ihnen, während sich die Geschichte entfaltet. Das Wheel House stellt mit seinen Steampunk-Motiven
die normale Inneneinrichtung ebenso auf den Kopf wie die merk-
würdige Geschichte, die in ihm und auf ihm erzählt wird.

Ein & Zwei Räder

Stahlrahmen, Sperrholz, Leinwand

Archive II
David Garcia
MAP Architects
Dänemark
2005

Archive II entstand im Rahmen einer Auseinandersetzung mit dem Verhältnis von Raum und Buch unter Design-Gesichtspunkten. David Garcias Werk ist eine Wanderbibliothek, die Zugriff auf eine bewegte Büchersammlung bietet, und eine Lösung für Menschen, die ihren Büchern Beweglichkeit verleihen möchten. Mit seinen tiefen Fächern stellt das große Holzrad den entsprechenden Platz dafür bereit. Es erinnert an die Bibliotheken des Altertums im Fernen Osten, die von Hof zu Hof und Stadt zu Stadt reisten, wird hier allerdings von nur einer Person bewegt. Wenn Bücher die Fantasie in Bewegung setzen können, so ist dies ein Vehikel, das die Quelle der Fantasie bewegt.

Sperrholz

I-H Cruiser

Winfried Baumann

Deutschland

2008

Der Künstler Winfried Baumann beschäftigt sich seit geraumer Zeit mit Fragen zu Unterkünften für Obdachlose. Der I-H Cruiser gehört zu seiner Instant-House-Serie und ist beispielhaft für seine einfallsreichen Adaptionen. Sein Vorschlag ersetzt die allgegenwärtigen Unterlagen aus Zeitungspapier oder Karton durch einen belastbaren Aluminiumrahmen und eine reflektierende gesteppte Thermodecke. Viele seiner Entwürfe schließen andere Hilfsmittel wie Erste-Hilfe-Kästen, Spiegel, Pfeifen und Taschenlampen ein. Wie der Rest der Instant-House-Serie ist auch der I-H Cruiser so leicht, dass eine Einzelperson ihn nach dem Zusammenfalten bewegen kann.

Aluminiumrahmen, Räder, gestepptes Thermogewebe, Spiegel, Pfeife, Taschenlampe

Foldavan

Wooden Widget

Großbritannien

2014

Wooden Widget stellte sich mit dem Foldavan der Herausforderung, ein leichtes, zusammenfaltbares und gemütliches Campinggefährt zu entwickeln. Der Fahrrad-Wohnwagen ist klein genug, um sich gut ziehen zu lassen, bietet aber genug Platz für bequeme Ruhepausen. Der Holzrahmen mit dem halbkreisförmigen Oberteil und der leichten Textilhülle ruht auf zwei kräftigen Fahrradreifen. In geschlossenem Zustand ist der Faltwagen so klein, dass er auf einen Pkw-Dachgepäckträger passt. Nach dem Entfalten zeigt er seine wahre Größe als winzige Behausung für eine Einzelperson – eine Unterkunft, die zwar eng, aber durchaus nutzbar ist.

Ein & Zwei Räder

Holzrahmen, Stahlchassis, PVC, Fahrradreifen

Hütte Hut

Sprouting Sprocket
Studio
USA
2014

Hütte Hut lässt aus dem Eskapismus komfortable Realität werden. Seine klassische Retro-Form erinnert an die amerikanischen Wohnwagen der 1950er-Jahre. Das Innere des Wagens wird durch zwei breite Türen in der Längsseite betreten. Über den Wänden aus Bootsbausperrholz und Birke erstreckt sich ein Dach aus Baumwollzeltstoff. Der Anhänger ist zwar winzig, bietet aber zwei Personen genügend Platz zum Schlafen, mehrere Fenster und Stauraum, sodass kein Engegefühl aufkommt. Der Aluminiumrahmen reduziert das Gewicht auf nur 408 Kilogramm, wodurch sich der Wohnwagen auch von kleineren Pkws ziehen lässt.

Anhänger, Aluminiumrahmen, Bootsbausperrholz,
Birkenholz, Leinwand

Moving Space

Ohnmacht Flamm

Architekten

Deutschland

2000

Moving Space entstammt der Zusammenarbeit des Architekturbüros Ohnmacht Flamm mit Studenten der Innsbrucker Universität. Das Objekt aus dünnen Sperrholzplatten kann von innen heraus schaukelnd und rollend von einem Ort zum anderen bewegt werden. Die Platten wurden zu einer dreidimensionalen, computerberechneten Form zusammengesetzt, die gleichermaßen stabil und dynamisch ist. So entstand ein aus Wänden, einem Boden und einer Decke sowie Sitz- und Liegenischen bestehender Rückzugsort für zwei Personen, der sich durch Verlagerung des Körpergewichts im Inneren leicht drehen und bewegen lässt.

Ein & Zwei Räder

Sperrholz

Gidget Retro
Teardrop Camper
Gidget
Australien
2015

Der Gidget Retro Teardrop Camper kombiniert die Ästhetik der klassischen Retro-Wohnwagen mit modernem Komfort. Durch den herausziehbaren Bestandteil verdoppelt der patentierte Entwurf den Wohnraum. Seine Inspiration bezieht er aus dem Bemühen um Nachhaltigkeit in allen Lebensbereichen. Im Inneren unterstreichen die Holzverkleidungen aus nachhaltigen Quellen die ökologische Rücksichtnahme. Mit Doppelbett, Wasserversorgung, LED-Beleuchtung, Solarpaneel, Alarmanlage, Unterhaltungselektronik und einer Küche mit Einbauherd lässt der mobile Rückzugsort, den ein Durchschnitts-Pkw ziehen kann, wirklich keine Wünsche offen.

Stahlanhänger, armiertes Aluminium, Stahl-Glasfaser

Self-Lifting Mobility Project (S/LMP)

Mark Mack Architects
USA
2014

Das Self-Lifting Mobility Project (S/LMP) gehörte zu der Ausstellung Truck-A-Tecture im KANEKO in Omaha und antwortet auf die Frage, wie eine nomadische Architektur aussehen könnte. Der Anhänger stellt das zum Leben absolut Notwendige zur Verfügung – aber auch nur das. Die mobile Konstruktion bietet Raum zum Kochen, Schlafen und Essen. Am auffälligsten ist der Scherenlift, der einen erhöhten, überkuppelten Arbeits- und Schlafplatz schafft. Auf der unteren Ebene gibt es Sitzgelegenheiten und Stauraum und als ironische Beigabe ein Quadrat Kunstrasen. Das S/LMP lässt sich komplett im Anhänger verstauen und so leicht transportieren.

Ein & Zwei Räder

Stahlanhänger, Stahlrahmen, Sperrholz, Kunststoff

**Tiny Travelling
Theatre**
Aberrant Architecture
Großbritannien
2012

Dieses ungewöhnliche mobile Theater entstand im Rahmen des Londoner Clerkenwell Design Festivals. Es ist eine Neuauflage der viktorianischen Music Hall, in deren drei kleinen Kammern Veranstaltungen unterschiedlichster Art stattfinden. Die rot lackierten Spanplatten werden von zahlreichen Schornsteinen gekrönt, die aus Kohlenschütten bestehen. Unter jedem Schornstein befindet sich eine Luke, durch die Töne aus dem Inneren nach draußen geleitet werden. Das Tiny Travelling Theatre wurde während des einwöchigen Festivals von einem VW-Campingbus von Ort zu Ort gezogen und erweckte die Erinnerung an seine historischen Vorbilder zum Leben.

Anhänger, Spanplatte, Glas, Kohleschütten aus Metall

Room-Room

Encore Heureux und
G Studio
China
2008

Room-Room soll im Katastrophenfall als Helfer dienen. Die zugrunde liegende Studie wurde für die Ausstellung Crossing: Dialogues for Emergency Architecture des National Art Museum of China in Auftrag gegeben. Der Anhänger sorgt für das, was zu unserer Existenz notwendig ist: ein Dach, einen Wohnraum, einen Raum zur Rettung der Menschenwürde. Das zweirädrige Gefährt ist mit dem Fahrrad oder einem Zugtier zu bewegen und gelangt so fast überallhin. Unterwegs stellt es Ladefläche zur Verfügung, bei Pausen bietet es Schutz zum Ausruhen. Für längere Aufenthalte kann man den Rahmen auf den Kopf stellen und eine dauerhafte Behausung schaffen.

Ein & Zwei Räder

Aluminiumrahmen, Metallgitter, Kunststoff, Räder

QTvan

Yannick Read für die
Environmental
Transport Association
Großbritannien
2011

Dieser winzige Wohnwagen ist eine Notunterkunft für Besitzer eines
Elektromobils für Gehbehinderte. Er ist klein genug, um auf dem
Bürgersteig verkehren zu können, straft sein winziges Äußeres aber
Lügen, da er mit einem Bett, einem Getränkeschrank, einem Wasser-
kessel und einem großen Fernsehgerät ausgestattet ist. Die Höchst-
geschwindigkeit beträgt zehn Kilometer in der Stunde, die maximale
Reichweite 16 Kilometer. Ursprünglich wurde der QTvan entwickelt,
um auf die Wichtigkeit der Verkehrssicherheit von Elektromobilen
(und einer Pannenhilfeversicherung) hinzuweisen. Er stellt eine Zu-
flucht für jene dar, deren Elektromobil seinen Geist aufgegeben hat.

Aluminium, Acrylglas, Solarpaneele, Räder

The Happier Camper

Derek Michael May

USA

2014

The Happier Camper ist eine moderne Interpretation des klassischen Wohnwagens, das dessen Charisma jedoch nicht aufgibt. Der Hänger wird aus Glasfaserwabenplatten hergestellt und ist deshalb leicht, aber trotzdem sehr stabil. Der Innenraum besteht aus kleinen Modulen und lässt sich leicht für verschiedene Aufgaben umgestalten, sodass man campen, arbeiten oder Lasten transportieren kann. Jedes Modul, von der Spüle über die Betten bis zu den Tischen, ist auf Maß gearbeitet, jedes Exemplar des Happier Camper genau auf die Wünsche des Besitzers zugeschnitten. Auch bei der Karosserie hat man Wahlmöglichkeiten: Sie ist in sieben Farben lieferbar.

Thermisch isolierte Glasfaser, Edelstahl, Solarpaneel, LEDs

Dieser Anhänger ist eine von mehreren Mobile Intervention Units
(MIU), mit denen Studio Orta Möglichkeiten der Katastrophenhilfe
untersucht. Der robuste Stahlrahmen enthält sechs Ablageflächen,
die jeweils breit genug sind, um einer Person als Schlafplatz zu
dienen. Zusammen mit den ebenfalls von Studio Orta entwickelten
maßgeschneiderten Schlafsäcken ist der Stockbetten-Anhänger
so ein praktischer Ruheort, der zugleich eindeutig Stellung zu ge-
sellschaftlichen Fragen nimmt. Wie andere MIU–Arbeiten, etwa das
Nomad Hotel oder OrtaWater, ist er ein poetischer und auffälliger
Hinweis auf die Grundbedürfnisse der heimatlos Gewordenen.

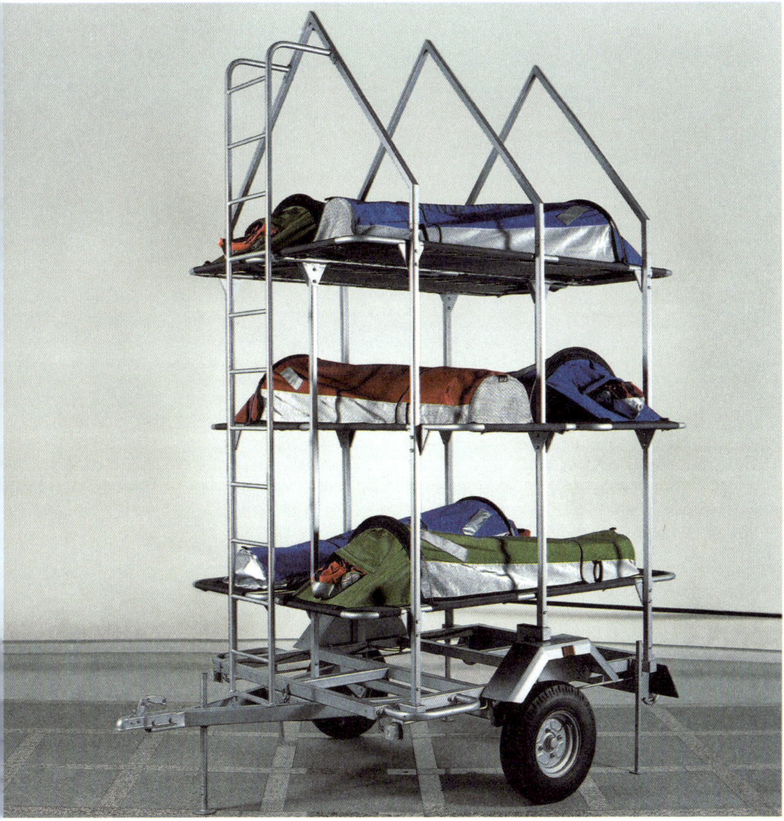

Stahlchassis, Stahlrahmen, Stahlleiter, Plane, Aluminium

Bike Sauna

H3T Architects

Tschechische

Republik

2012

Diese wendige kleine Sauna belebt nicht nur ihre Insassen, sondern auch die Umgebung. Der Schwitzraum des tschechischen Büros H3T Architects besteht aus Leichtmaterialien wie Polycarbonatplatten und Leinwand auf einem Holzrahmen, bietet Platz für sechs Personen und lässt sich mit dem Fahrrad ziehen. Man betritt den Innenraum durch einen Schlitz in der Außenhülle und findet dort einen kleinen Holzofen und die klassischen Saunabänke aus Holz vor. Die Sauna kann überall dort, wo es Saunagängern gefällt, genutzt werden, bietet sich aber auch als Mittelpunkt von Veranstaltungen und zur Nutzbarmachung vernachlässigter öffentlicher Räume an.

Ein & Zwei Räder

Holzrahmen, Polycarbonatplatten, Leinwand, Fahrrad, eiserner Ofen

Gypsy Junker

Derek Diedricksen

USA

2011

Gypsy Junker ist nur eines von vielen Häusern, die Derek Diedricksen gebaut hat, es treibt die Grundidee des winzigen Häuschens allerdings auf die Spitze. Diedricksen verwendet ausgemusterte Materialien wie Paletten oder alte Schränke und arbeitet sie für seine Kreationen um. Der Tischler gibt zwar im Eigenverlag auch Bauanleitungen für seine Häuser heraus, aber eigentlich ist jedes der Häuser durch die Verwendung von Zufallsfunden ein Einzelstück. Gypsy Junker besteht zum Beispiel aus einer Palette, Weinflaschen und Kunststoffwellplatten und wird durch typisch verspielte Details wie eine Belüftungsöffnung aus einer alten Bratpfanne ergänzt.

Holz, Weinflaschen, Kunststoffwellplatten, Acrylglas

De Markies

Böhtlingk Architectuur

Niederlande

1985

Ein & Zwei Räder

In einer normalen Wohnwagenkarosserie versteckt der De Markies eine wunderbare Überraschung für den Camper: Die beiden Seitenteile entfalten sich, um einen dreimal so großen lichtdurchfluteten Innenraum zu schaffen. Im Mittelteil befinden sich Abteile zum Baden, Kochen und Essen sowie Stauraum, in den Flügeln sind zwei große zusätzliche Räume untergebracht. Das Schlafzimmer bietet Platz für vier Personen, und auf der gegenüberliegenden Seite kann man es sich bequem machen und durch die transparente Hülle in die Umgebung blicken. Der einfallsreiche Entwurf war Preisträger beim Rotterdamer Public-Design-Wettbewerb.

Stahl, Acrylglas, Nylonseil, Polyesterplane, Spanplatte

Bicycle Teardrop Trailer

Matthew Hart Designs

Kanada

–

Dieser charmante Wohnwagen im Retro-Tropfendesign stammt von einem innovativen Bootsbauer, der ihn bei seiner Tour durch British Columbia mit dem Fahrrad zog. Die aerodynamische Hülle ruht auf einem stabilen Chassis und Fahrradreifen. Zwischen der dünnen Aluminiumaußenhaut und der Sperrholzinnenverkleidung liegt eine Dämmschicht aus Hartschaumstoff. Der Innenraum ist mit einem Klapptisch, einem Schlafplatz und einem Herd ausgestattet, der gerade groß genug ist, um Kaffee zu kochen. Harts mobiles Heim erregte bei der Fahrt große Aufmerksamkeit, wenn er es in schönen Parks, an Stränden und auf Hügelgipfeln abstellte.

Aluminium, Hartschaumstoffisolierung, Sperrholz,
Stahlrahmen, Fahrradreifen

The XS

So-Cal Teardrops

USA

2004

Die einst so beliebten Wohnwagen in Tropfenform sind weitgehend moderneren mobilen Unterkünften gewichen. Diese Wiederbelebung spricht aber auch Zeitgenossen an. Der kompakte, leichte Anhänger hat einen hölzernen Innenrahmen, der mit eloxiertem Aluminium verkleidet ist. Unter einer Heckklappe verbirgt sich eine voll ausgestattete Küche, davor können zwei Erwachsene schlafen. Die Inneneinrichtung besteht aus Birkensperrholz und wird nach den Wünschen jedes Besitzers angefertigt, wobei man aus einer Vielfalt von möglichen Accessoires und Oberflächenbehandlungen auswählen kann. Die aerodynamische Silhouette bleibt jedoch immer gleich.

Ein & Zwei Räder

Stahlchassis, eloxiertes Aluminium, Birkenholz, Aluminium, Glas

560 Ultra Raindrop

Camp-Inn

USA

2002

Dieses glänzende Prachtstück ist der Gipfel des stilvollen, komfortablen Campings – in Retro-Tropfenform. Die Aluminiumhülle weckt Erinnerungen an seine klassischen Vorgänger, im Inneren findet man alle Annehmlichkeiten der Moderne: ein Doppelbett, eine Küche mit Spülbecken, Herd und fließend Wasser, Elektroinstallationen und eine Heizungs- und Klimaanlage. Jedes Modell der Firma Camp-Inn wird von den Entwicklern, zwei von Teardrop-Wohnwagen besessenen Ingenieuren, individuell für den Kunden anfertigt. Die hier gezeigte extralange Version bietet Raum für eine Sitzbank-Bett-Kombination, ohne dafür die typische Ästhetik der Tropfenform zu opfern.

Anhänger, Aluminium, Birkenholz, Dämmschaum, Glas

Exile

José Ángel Vincench

Kuba

2012

Dieses Exponat für die 11. Kunstbiennale in Havanna (Kuba) „beschreibt" seine Intention. Die mobilen Elemente haben die Form von Buchstaben, die das Wort E-X-I-L-E ergeben. Die einzelnen kleinen Wagen sind auf einfache Anhänger montiert und bieten gerade genug Platz für eine Person. Sie bleiben aber unbewohnt, um die Absicht des Kunstwerks zu unterstreichen. „Exile" repräsentiert isolierte Individuen, die außerhalb ihres eigenen Landes leben, es handelt von der Vereinzelung in politischer wie in emotionaler Hinsicht. Die Arbeit ist bezeichnend für Vincenchs Gesamtwerk, in dem Dissens und Exil zu den wichtigen Themen gehören.

Ein & Zwei Räder

Stahlchassis, Gipskartonplatte, Glas

Honda Spree,
Study of Temporary
Autonomy

Jay Nelson

USA

2006

Ein frühes Beispiel für die kreativ abgewandelte Wiederverwendung: Dieser Motorroller ist eine faszinierende Schnittmenge aus Surfen und Campen. Der Künstler Jay Nelson ist selbst begeisterter Surfer und arbeitet mit dem, was er gerade vorfindet, um seine improvisierten Werke zu gestalten. Das Werk ist in Anlehnung an die „Temporären Autonomen Zonen" des Anarchisten Hakim Bey benannt. Nelsons Projekte entstehen immer für bestimmte Veranstaltungen oder Reisen. Die Nutzung von wiederverwendeten Materialien soll die Umwelt schonen. Das hier gezeigte Beispiel trägt im wörtlichen wie im übertragenen Sinn eine große Last.

Motorroller, Kupferrohr, Holz, Leinwand

Contemporary	
Shepherd's Hut	
Thomas Alabaster	
Großbritannien	
2016	

Thomas Alabasters moderne Variante der rustikalen Schäferhütte wurde durch Erinnerungen an Sommertage inspiriert, die er in seiner Kindheit in einem heruntergekommenen Gartenschuppen verbrachte. Seine Hütte erlaubt es, der Natur nahe zu sein, aber dennoch den Schutz eines bequemen Wohnwagens zu genießen. Der elegante holzverkleidete Innenraum wird durch einen Holzofen geheizt und durch die hohen Dachfenster mit Tageslicht geflutet. Weiß gestrichene Wände, strategisch platzierte Fenster und eine Veranda vervollständigen die luftige Gestaltung, die einen schönen Kontrast zum robusten Äußeren aus Wellblech bildet.

Ein & Zwei Räder

Verzinktes Stahlblech, Glas, Kiefernholz, Stahl

Micro Camper

Wide Path Camper

Dänemark

2014

Dieser Fahrradwohnwagen ist leicht, kompakt und gut zu ziehen – eine wendige Option für das Leben unter freiem Himmel. Der Miniaturwohnanhänger von Wide Path Camper besteht aus zwei Teilen, die sich um eine unten liegende Achse auseinander- und wieder zusammenklappen lassen. Ausgeklappt bietet er zwei Erwachsenen Sitzgelegenheiten, einen Klapptisch, Stauraum und Platz zum Ausruhen. Obwohl der Wohnwagen eine feste Außenhülle besitzt, ist er mit nur 45 Kilogramm nicht zu schwer. Nach dem Picknick oder dem Campen wird er auf knapp die Hälfte der Länge zusammengeklappt – dann muss man nur noch aufs Rad steigen und losfahren.

Aluminiumrahmen, Glasfaser, Sperrholz, Polycarbonat

Pumba Trailer

Freedom Trailers

Großbritannien

2014

Dave Stephenson fand den Transport seines Pkw-Dachzeltes zu umständlich – und erfand die Freedom Trailer. Sie bieten Freiheit und Abenteuer, lassen sich schnell aufstellen und können über weite Strecken transportiert werden. Der Pumba ist eines von drei Modellen und ein echtes Arbeitspferd für unterwegs, das sich auch in rauem Gelände und ohne Versorgungsleitungen bewährt hat. Der kompakte Anhänger ist mit einer Kühl-Gefrierkombination, einem 60-Liter-Wassertank und Solarpaneelen ausgestattet. Auf dem Dach befindet sich eine aufklappbare Plattform mit einem Zelt, das per Leiter erreichbar ist; unten schließt sich ein großer Pavillon an.

Ein & Zwei Räder

Anhänger, Stahlrahmen, Zelt, Solarpaneele, LEDs

GO!

Sylvan Sport

USA

2007

GO! beruht auf der Idee, einen Anhänger für viele Zwecke zu gestalten, und ist ein guter Grund dafür, sich draußen zu vergnügen. Der stabile Stahlanhänger mit Aluminiumrahmen ist eine solide Unterlage für ein aufstellbares Wohnmobil. Das ultraleichte Modell stammt von dem Outdoor-Spezialisten Kelty. In dem erhöhten Zelt können zwei Personen auf bequemen Matratzen schlafen, wenn die Seitenklappen heruntergelassen sind. Im Rahmen ist zusätzlicher sicherer Stauraum vorhanden, oben auf dem Dach findet sich Platz für Fahrräder, Boote oder andere Ausrüstungsgegenstände. Der Hänger ist ein zuverlässiges Packpferd mit geringem Eigengewicht.

Stahlchassis, Aluminiumrahmen, Gummiräder, Nylon, Spanplatte

Sommer-Container

Markku Hedman

Finnland

2002

Der Sommer-Container holt das Beste aus seiner Größe und dem kurzen finnischen Sommer heraus. Die kleine Hütte kann auf einem normalen Anhänger transportiert werden und bietet in einem Raum eine Ferienunterkunft für zwei Personen. Die Gestaltung erinnert an eine Streichholzschachtel: zwei Kisten, von denen die eine in die andere geschoben werden kann. Dadurch verdoppelt sich die Grundfläche der Hütte nach dem Transport fast. Im Inneren befindet sich ein Bettsofa und eine Einbauküche. Nach Lust und Laune und Wetterlage kann man die Kisten jederzeit ineinanderschieben und an einer anderen idyllischen Stelle wieder neu aufstellen.

Ein & Zwei Räder

Holzrahmen, Hartschaumstoff, Sperrholz, Acrylglas

Terrapin

Casual Turtle
Campers

USA

2014

Diese handgefertigte Heimstatt steht auf einem serienmäßig hergestellten Anhänger. Wohin man mit ihr auch fährt: Sie vermittelt immer einen Hauch von Waldhütte. Terrapin kombiniert eine Retro-Ästhetik mit moderner Technik und beruht auf dem „Weniger ist mehr"-Prinzip. Das geringe Gewicht und die geringen Abmessungen ermöglichen es, den Anhänger mit den meisten Mittelklassewagen zu ziehen. Das auffälligste Merkmal ist das geschwungene Dach, das die Kopffreiheit im Inneren und die Aerodynamik verbessert. Der gemütliche Innenraum hat ein Bettsofa, Stauraum, einen kleinen Tresen, Elektroanschlüsse und Fenster auf allen Seiten.

Stahlanhänger, Rotzeder, PVC, LEDs, Glas

Cricket Trailer
Garrett Finney
und TAXA Outdoors
USA
2010

Dieser von Garrett Finney – einem Designer mit NASA-Referenzen – konzipierte Anhänger bietet maximalen Nutzen auf minimalem Raum. In einer aerodynamischen Hülle, die energieeffizientes Schleppen erlaubt, ist eine Mischung aus Zelt und Wohnmobil untergebracht, die Schlafplätze für zwei Erwachsene bereitstellt. In dem winzigen Innenraum gibt es ein Bett, eine kleine Küche, Tanks für Frisch- und Grauwasser und Staumöglichkeiten; nach außen führen eine breite Eingangstür und Fenster. Mit Solarpaneelen und einem Bad als zusätzliche Features kann man sogar zu Abenteuern aufbrechen, ohne komplett auf Komfort verzichten zu müssen.

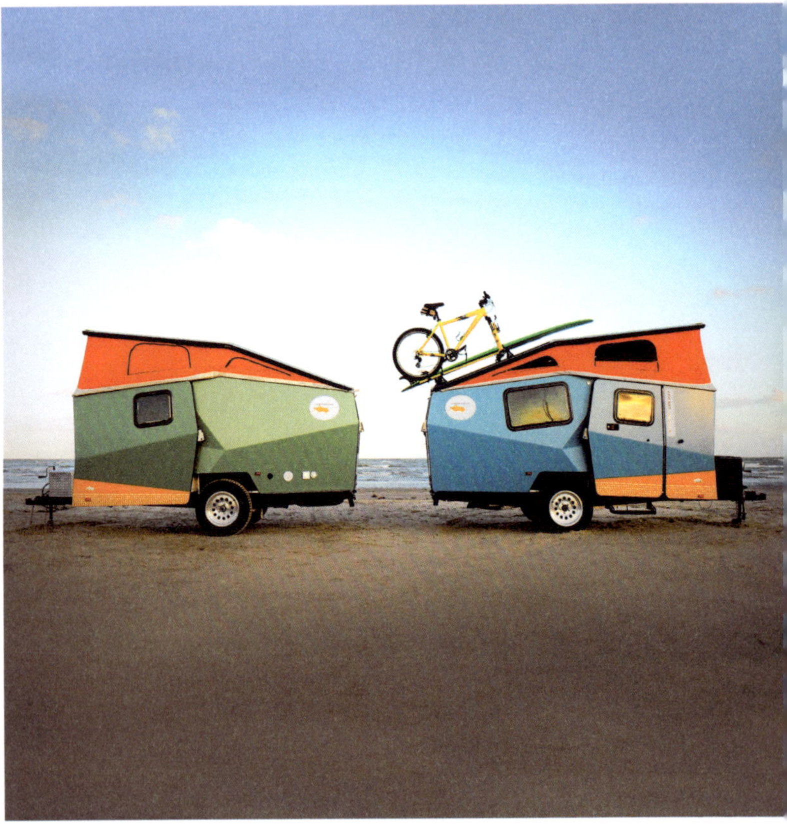

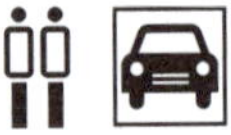

Stahlchassis, Aluminiumverbundplatten, Polyester

Tiny Study Pod
Relax Shacks
USA
2014

Diese winzige Hütte wurde von Derek Diedricksen für einen Universitätsprofessor gestaltet und zeigt den für ihn typischen Einsatz von Recycling-Material. Sie bietet Schlafmöglichkeiten für zwei Personen und einen komfortablen Platz zum Arbeiten. Das verwendete Material ist überwiegend Altholz, die Rückwand ein farbenfrohes Mosaik aus Holzreststücken und Dielen, die aus einem 100 Jahre alten Haus stammen. Die Vorderwand aus durchsichtigem Polycarbonat wird zu einer Tür, indem man sie einfach nach oben klappt. So kann man entweder direkten Zugang zum umgebenden Wald bekommen oder sich Ruhe schaffen, um die Klausuren der Studenten zu korrigieren.

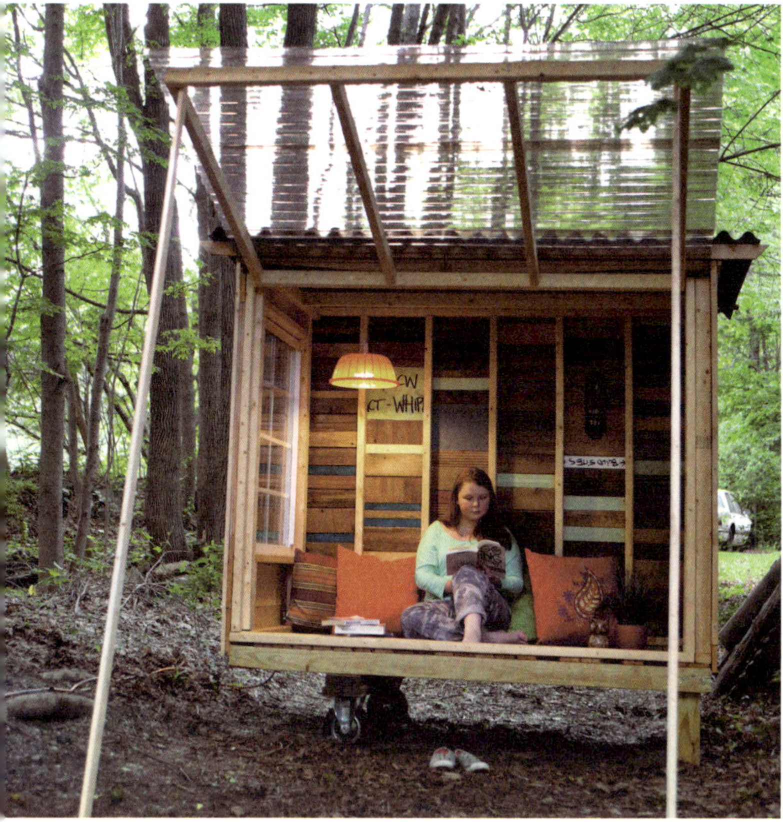

Holz, Polycarbonatwellstoffplatten, Polyurethanschichtstoffplatten, Glas, Kunststoff

BeauEr 3X

Eric Beau

Frankreich

2010

Der BeauEr 3X ist ein Wohnwagen, der nicht nur rollt, sondern sich auch auseinanderziehen lässt – so bietet er dreimal mehr Platz als im fahrbaren Zustand. Der rundliche Anhänger ist eine sehr geräumige Unterkunft. Die raffinierte Teleskopmechanik erlaubt es, die beiden Enden vom Mittelstück abzuziehen, sodass genug Raum für eine Küche, ein Badezimmer, eine Essecke und Schlafplätze für zwei Personen zur Verfügung stehen. Nach einer Schlüsselumdrehung dauert es nur 20 Sekunden, bis die Teile auseinandergefahren und die Möbel im Inneren an Ort und Stelle sind und man sich dort entspannen kann.

Stahlchassis, Polyester, Aluminium,
Spanplatte, Kunststoff

Shelters

Joseph Griffiths

Australien

2012

Dieses handgefertigte Provisorium gehört zu einer Dreierserie, die Joseph Griffiths für das Next Wave Festival in Melbourne entworfen hat. Die rustikale Konstruktion aus Fundmaterial aus den Abfällen der Großstadt bildete einen starken Kontrast zu den Hochhäusern aus Stahl und Glas, zwischen denen sie stand. Griffiths' Installationen laden durch ihre provokative und verspielte Gestaltung zur Inbesitznahme ein. In diesem Fall wird der allseits beliebte Wohnwagen einer Neuinterpretation unterzogen. Im Gegensatz zu den schicken Serienprodukten entsteht dieses Exemplar als Collage aus Holz, einem Anhänger, einem bemalten Dach und einer Acrylglaskuppel.

Anhänger, Holz, Stahl, Seil, Farbe, Acrylglas, Glas, Klebeband, Gewebe, Acryl

Mensch

Ohne Räder

Ein & Zwei Räder

Drei Räder

Vier Räder

Fünf + Räder

Kufen +

Wasser

Camper Bike

Kevin Cyr

USA

2008

Das pedalgetriebene Camper Bike des Künstlers Kevin Cyr ist ein reizvolles, faszinierendes Mobilheim. Das schlanke Gefährt bietet Raum für eine Person und stellt mit seinen Gebrauchsspuren und seiner Größe einen deutlichen Kontrast zum Prunk vieler gängiger Wohnmobile dar. Es besteht aus einem hohen, nicht sehr breiten Gehäuse, das auf einem Dreirad aus chinesischer Serienfertigung montiert ist. Das Camper Bike ist ein Kunstwerk, das die Unterschiede zwischen der amerikanischen und der chinesischen Kultur – zwischen Reisenden in riesigen Fahrzeugen und Menschen, die schwere Lasten auf Fahrrädern transportieren – kommentiert.

Drei Räder

Dreirad, Aluminiumpaneele, Acrylglas, Sperrholz, Holz

Tricycle House

People's Architecture
Office und PIDO

China

2012

Da der private Landbesitz im sozialistischen China verboten ist, stellt das Tricycle House eine fahrbare Alternative zur Verfügung: ein Haus auf einem Dreirad. Die Hülle besteht aus gefälteten lichtdurch- lässigen Polypropylenplatten, die den Innenraum angenehm luftig wirken lassen. Das Haus bietet alles, was zu einem nicht stationären Leben notwendig ist: Spüle, Herd, Bad, Wassertank, Stauraum und ein Möbelstück, das sich vom Bett zum Tisch zur Arbeitsfläche umwandeln lässt. Ergänzt wird das Ganze durch einen Dreirad- Garten, der zusammen mit dem Dreirad-Haus ein Musterbeispiel für nachhaltiges Wohnen auf Reisen bildet.

Dreirad, gefälteltes Polypropylen, Räder

Housetrike

Bas Sprakel

Niederlande

2014

Dieses unauffällige Lastenrad ist ein überraschender Verwandlungs-künstler: Es lässt sich in ein Bett für eine Person transformieren. Die Erfindung des Holländers Bas Sprakel bietet Obdachlosen, moder-nen Nomaden und Campern eine sichere, regendichte Unterkunft, die zuverlässiger als ein Zelt ist. Der ausziehbare Kasten stellt ein kleines Schlafzimmer zur Verfügung, das durch Bullaugen mit Licht und durch die obere Metallfläche mit einem stabilen Dach versorgt ist. Der Innenraum lässt sich zur Sicherheit von innen verriegeln, und die Dachfläche kann im eingezogenen Zustand ideal dazu benutzt werden, eine Mahlzeit auf einem Campingkocher zuzubereiten.

Drei Räder

Dreirad, Stahlrahmen, beschichtetes Holz

Bufalino

Cornelius Comanns

Deutschland

2010

Dieses kleine Wohnmobil ist ein zuverlässiger Begleiter für Allein-
reisende, deren Grundbedürfnisse es allesamt erfüllt. Das Gefährt
basiert auf dem italienischen Kleinlieferwagen Piaggio Ape 50, ist
sparsam im Verbrauch und sehr robust. Der Entwurf zielt darauf ab,
den Besitzer in unmittelbaren Bezug mit seiner Umwelt zu versetzen
und als eine Art Basislager zu fungieren, das man mit auf Reisen
nehmen kann. Zu den Annehmlichkeiten gehören ein Bett, ein Kühlschrank, Stauraum, ein Wassertank und Platz zum Sitzen und zum
Kochen. Das Gefährt ist zwar kleiner als die Mafia-Familie, deren Namen es trägt, aber in seinen Möglichkeiten nicht zu unterschätzen.

Stahlchassis, Gipskartonplatte, Kunststoff,
Aluminium, Acrylglas

Bao House

Dot Architects
China
2012

Der gesteppte Bao-House-Würfel ist eine auffällige Erscheinung. Der mobile Raum des chinesischen Architekturbüros Dot besteht aus einer mit Polyurethanschaum ausgespritzten Form aus Gewebe und Holz. Normalerweise wird Bauschaum hinter Oberflächen versteckt, hier ist er aber sichtbar, sodass das Innen zum Außen wird. Das Bao House ist wasserfest und thermisch isoliert, Zugang zum Innenraum gewährt die Schiebetür der Vorderwand. Von oben strömt Licht durch eine durchsichtige Polycarbonatplatte herein, die nachts den Blick in die Sterne erlaubt. Der wellige Kubus auf Rädern wird seinem Namen (Mandarin für „Wölbung") durchaus gerecht.

Drei Räder

Dreirad, Polyurethanschaum, Gewebe, Holz, Polycarbonat

Eyes Closed
DL Atelier
China
2012

Die fahrbare Installation eines chinesischen Paars entstand als Geburtstagsgeschenk für den gemeinsamen zweijährigen Sohn. Der breite, schwarze Rahmen mit dem geschäumten Inneren ist auf einem umgebauten Dreirad montiert. Der dreidimensionale, schwarze Schaumstoff ist mit Schnitten und Rissen durchsetzt und fordert so zur taktilen Erkundung heraus. Eyes Closed lässt aber auch andere Interpretationen zu: Während der junge Beschenkte mit seinen Freunden im vielfältigen Inneren spielt, verständigen sich die Erwachsenen vielleicht auf eine andere Bedeutung des Werknamens und machen ein Nickerchen.

Dreirad, Schaumstoff

Weekend

Carlos No

Portugal

2012

Diese Arbeit von Carlos No entstand aus seiner Betroffenheit angesichts der Behausungen in Elendsvierteln und lenkt die Aufmerksamkeit auf die Dürftigkeit und Unbeständigkeit der Häuser, in denen die Ärmsten der Armen leben. Weekend gehört zu einer Serie mit dem Titel Villa Bidão, in der No sich mit dem Thema Ungerechtigkeit auseinandersetzt. Wie die Vorbilder besteht Weekend auch aus ausrangiertem Fundmaterial, das auf einem dreirädrigen Motorroller zu einem fleckigen Konstrukt aufgetürmt ist. Die Gegenüberstellung mit dem relativen Luxus, in dem viele Menschen ihre Wochenenden verbringen, verdeutlicht die Lage derjenigen, die in Armut leben.

Drei Räder

Motorisiertes Dreirad, Holz, PVC, Glas, Nylon

25 Pedra de Sal
Jacinta und Casimiro Costa
Portugal
2007

Das Eltern- und Designerpaar Jacinta und Casimiro Costa hat ein ausgemustertes Küchenschrankelement zu einer mobilen Versorgungseinheit für Säuglinge umfunktioniert. In das kleine Gefährt wurden außerdem Teile eines Kinderfahrrads, alte Rohre, Ersatzreifen, eine Acrylplatte und ein Autorückspiegel eingebaut. So entstand ein buntes Babybett mit Stauraum für Kinderkleidung, Bettzeug sowie Säuglingspflegeprodukte und ein Auszug, der Platz zum Wickeln bietet. Die erfindungsreiche Konstruktion wurde von den Costas für ihre beiden Kinder geschaffen und ist sicher das coolste Babybett weit und breit.

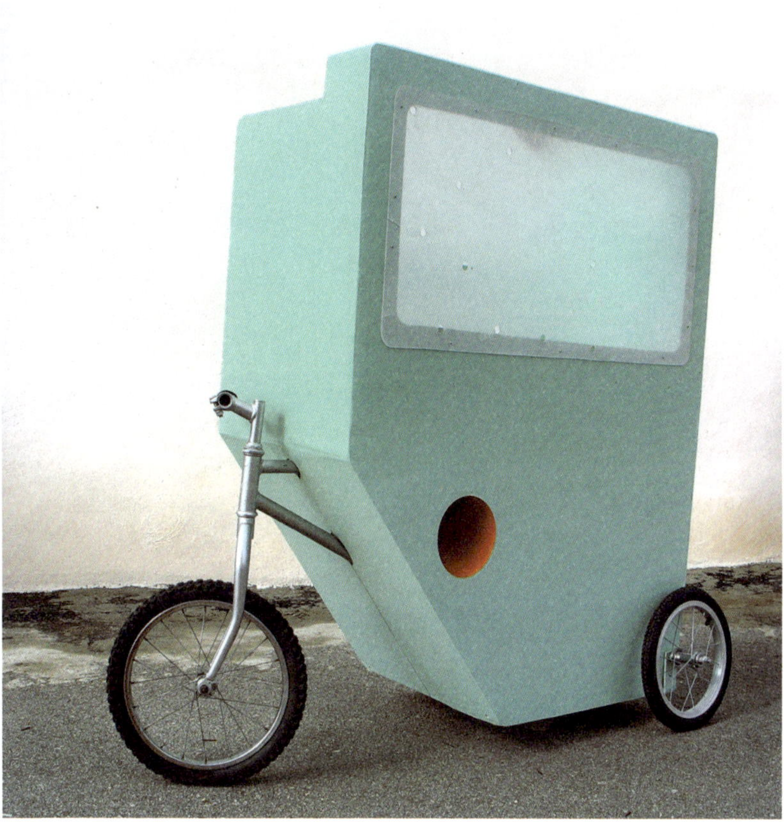

Dreirad, umgebauter Küchenschrank, Acrylplatte, Spiegel

Ta đi Ôtô
Bureau A
Vietnam
2013

An diesem Dreirad-Turm gibt es viel, das einem gefallen kann. Auf sieben Etagen bietet er Raum für Performances. Das Projekt aus einem blau bemalten Stahlrahmen hat ein kleines Dach, Beleuchtung und einen batteriebetriebenen Ventilator. Im Auftrag des Kulturzentrums Ta đi Ôtô in Hanoi gebaut, hat der fahrbare Veranstaltungsraum schon vielen Events gedient, darunter Kunstausstellungen und Streetfood-Festivals. Der Turm entstand auf einem Feld in der Nähe von Hanoi und wurde ganz altmodisch mit Pedalkraft in der Stadt angeliefert. Er macht sich die Kenntnisse und Erfahrungen des Landes zunutze und ist so ein authentisch vietnamesisches Konstrukt.

Drei Räder

Stahlrahmen, Plane, Dreirad, Holzbretter

Mobile Design	Die charmante Mobile Design Agency wurde aus einem gebrauchten
Agency	dreirädrigen Motorroller erstellt. Sie diente der niederländischen

Mobile Design Agency

Lava

China

2013

Die charmante Mobile Design Agency wurde aus einem gebrauchten dreirädrigen Motorroller erstellt. Sie diente der niederländischen Agentur Lava während der Beijing Design Week als fahrbares Atelier, in dem Geschäftsleuten Beratungen und Entwurfsarbeiten angeboten wurden. So konnten die Kunden – vom Obsthändler bis zum Friseur – einen zweisprachigen Fragebogen ausfüllen und bekamen dann Logos und andere Entwürfe nach Maß. Die mobile Filiale erlaubte intensivere Kontakte im historischen Viertel Dashilan und gab den Einwohnern nicht nur Ratschläge für ihre Werbung, sondern stellte auch die Vorzüge des niederländischen Designs heraus.

Dreirädriger Motorroller, Stahl, Aluminium, Acrylglas

Parkcycle Swarm

N55

John Bela, Till Wolfer

Aserbaidschan

2013

Der Parkcycle Swarm des holländischen Kollektivs N55 ist ein modularer, mobiler Instantpark. Der leichte Aluminiumrahmen auf einer dreirädrigen Unterlage trägt ein bewegliches Kunstrasenstück und ist stabil genug, um weitere Personen und tierische Begleiter zu transportieren. Der Entwurf des von Menschenkraft angetriebenen Gartens auf Rädern ist kostenlos im Internet verfügbar und lädt zur sozialen Interaktion und zu ökologischem Denken ein. Das „Hilfsmittel zur DIY-Stadtplanung" kann als Rasen für Einzelne oder als Park für Gruppen dienen und erlaubt es, Flächen in der Stadt wieder in Besitz zu nehmen, indem man einfach mit dem Rad dorthin fährt.

Drei Räder

Dreirad, Aluminium, Sperrholz, Kunstrasen

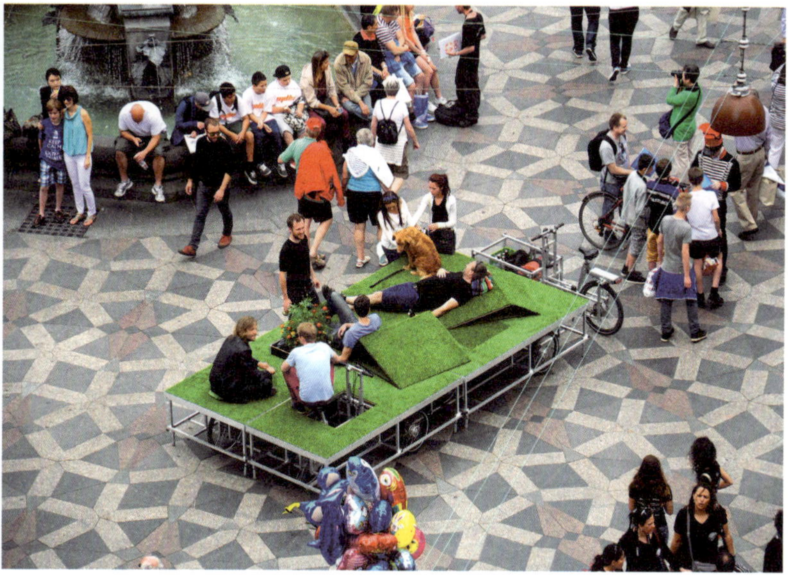

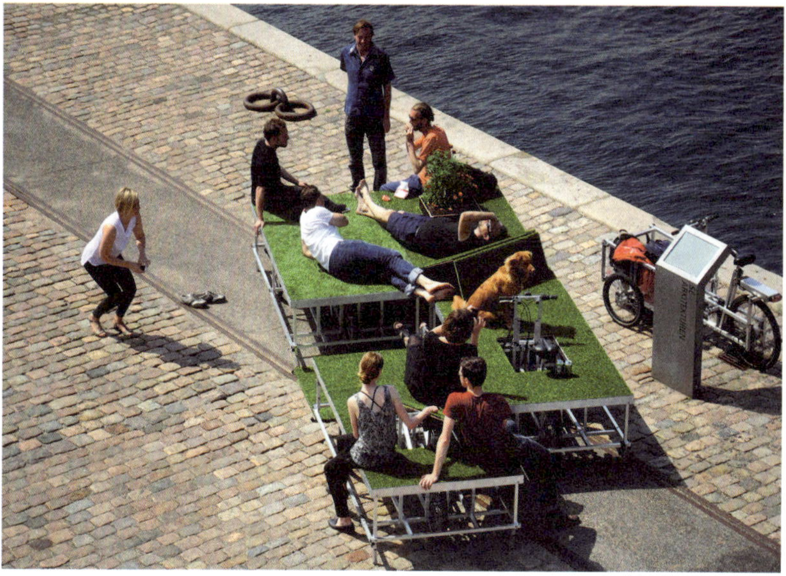

Supertramp

Lehman B

Großbritannien

2010

Als Teil der Beschäftigung mit einfacheren Lebensstilen ist das Supertramp ein mobiles Konzept, das sich mit dem Dreirad von Ort zu Ort bringen lässt. Unter einer locker auf ein Stahlgerüst gelegten hellen Leinwandplane verbirgt sich ein kleines Heim auf Rädern, das eine urbane Lebensweise vorwegnimmt, in der weniger mehr ist. Den schlichten Innenraum betritt man durch eine große Reißverschlussöffnung. Dort findet sich neben einem Holzofen hinreichend Platz zum Schlafen. Dieses experimentelle Gefährt stellt geltende Normen infrage und ermuntert durch die weite Türöffnung dazu, mit Passanten in Interaktion zu treten.

Drei Räder

Dreirad, Stahlrahmen, Leinwand, Sperrholz

Wandering Home

Kacey Wong

Hongkong

2008

Das Wandering Home ist eine passende Antwort auf die steigenden Wohnraumkosten in Hongkong und wurde zur Vertretung der vielfältigen Kultur der Stadt zur Architekturbiennale nach Venedig geschickt. Wongs Projekt war nicht nur ein ironischer Kommentar zur steigenden Zahl der Obdachlosen in Hongkong, sondern diente auch ihm selbst in Venedig als Unterkunft. Der Holzrahmen des Häuschens ist auf einem für China typischen Dreirad angebracht und mit wasserdichten Metallplatten verkleidet. Im Inneren ist neben einem Bett und einem Schreibtisch noch Stauraum vorhanden. Ein einfacher Lösungsvorschlag für ein wachsendes Problem.

Dreirad, Stahlchassis, Aluminium, Holz, Glas

The DJ Trike 1.0

Jonathan S. Igharas

USA

2009

Jonathan Igharas' Interesse an Fahrrad- und Dreirad-Typen aus der ganzen Welt – von der indischen Riksha bis hin zum vietnamesischen Xích Lô – gipfelte im Rahmen seiner Studienabschlussarbeit in dem Entwurf des DJ Trike 1.0. Dieses Rad ist auf den New Yorker Straßen gern gesehen, wo sein Schöpfer es an verschiedenen Orten abstellt, mit dem pedalgetriebenen Sound System den Passanten spontane musikalische Unterhaltung bietet und so den öffentlichen Raum belebt und aufwertet. Die einfallsreiche mobile Konstruktion besteht aus einem stabilen, erweiterbaren DJ-Mischpult, das in einem schützenden Kasten auf einem Dreirad untergebracht ist.

Dreiradrahmen, Aluminiumschichtstoffplatten, Stahl, Bambus

Secret Operation 610

RAAAF und
Studio Frank
Havermans
Niederlande
2013

Secret Operation 610 wirkt gleichermaßen geheimnisvoll und erschreckend. Diese historische und ästhetische Auseinandersetzung mit dem Kalten Krieg und der Waffenmaschinerie dient auf dem ehemaligen Luftwaffenstützpunkt in Soesterberg als mobiles (aber flugunfähiges) Forschungsfahrzeug. Es bietet bis zu zehn Forschern Raum und bewegt sich auf Gleisketten langsam über das verlassene Rollfeld hinweg. Von Weitem bildet das schwarz gepanzerte Stahlgebilde mit den beiden flügelähnlichen Beinen, das sich viereinhalb Meter über den Boden erhebt, einen krassen Gegensatz zur ruhigen Friedenslandschaft rundherum.

Stahl, Glas, Gleisketten

Mensch

Ohne Räder

Ein & Zwei Räder

Drei Räder

Vier
Räder

Fünf +
Räder

Kufen +

Wasser

The Collingwood
Shepherd Hut
Güte
Kanada
2015

Die Collingwood Shepherd Hut ist eine moderne Interpretation der klassischen Schäferhütte, aber von ihren bescheidenen Vorbildern meilenweit entfernt. Die gerundete Form zeigt an, dass die normalen Unterscheidungen zwischen Wänden, Boden und Decke verschwimmen, wodurch das Innere geräumiger wirkt, als es tatsächlich ist. Die Schindeln der Außenhaut sind perfekt, um die kalten Winde sowie Eis und Schnee des nordamerikanischen Winters abzuhalten. Innen beherbergt der nur viereinhalb Meter lange Anhänger einen Holzofen, Holzetagenbetten und ein Doppelbett, das sich zu einem Esstisch und Sitzbänken umwandeln lässt.

Vier Räder

Stahlchassis, Sperrholz, verzinktes Metall, Rotzeder, Glas

Tiny House
Walden Studio
Niederlande
2016

Innen wie außen zeichnet sich dieses mobile Haus durch saubere, schlichte Formen aus. Das Walden Studio ist auf kompakte, durchdachte Wohnhäuser spezialisiert. Tiny House weist hohe Räume und eine üppige Terrasse auf, die in Verbindung mit den hellen Oberflächen im Inneren und großen Fenstern ein großzügiges Raumgefühl aufkommen lassen. Der vorhandene Raum wird bestmöglich genutzt: Unter der Treppe ist Stauraum verborgen, und das Ecksofa ist in einen Esstisch umwandelbar. Das Kiefernholz der Außenverkleidung stammt aus nachhaltigem Anbau, die Isolierung besteht aus Schafwolle, und drei Solarpaneele liefern die notwendige Energie.

Stahlchassis, Holz, Gipskartonplatte, Aluminium, Solarpaneele, Glas

Homeless Homes

Project

Gregory Kloehn

USA

2014

Dieses Projekt führt Abfälle aus städtischen Müllcontainern einer neuen Verwendung zu. Gregory Kloehn hat seine Besessenheit von Ad-hoc-Gebäuden auf das Problem der Obdachlosigkeit gerichtet. Jedes der handgefertigten Häuschen ist einfallsreich und raffiniert. Kloehn verwendet dabei alle möglichen abgelegten Gegenstände – von Küchengeräten über Aquarien bis hin zu Farben und Holzpaletten. Die Gebäude kosten nichts, schaffen aber Sicherheit für urbane Nomaden. Jede der verspielten, preiswerten Einheiten ist abschließbar, mobil und erhebt sich über dem Boden, um Schutz vor Diebstahl, Regen, Ungeziefer und Planungsbürokratie zu bieten.

Vier Räder

Wiederverwendetes Holz, Kunststoff, Gewebe

Mobile Shop

How About Studio

Großbritannien

2016

Der kleine Verkaufsstand wurde für das Londoner Festival of Love entworfen und bietet Sonnenschutzmittel und anderes Zubehör für das Sommerleben in der Innenstadt an. Die Kacheln in abgestuften Blautönen und das Dachgestell in Bonbonrosa sorgen bei dem Weg durch die Menge für hinreichend Aufmerksamkeit. In geschlossenem Zustand sind die Waren hinter den herabgelassenen Edelstahlflügeln geschützt. Während der Geschäftszeit spenden die Flügel Schatten und geben den Blick auf die Messingfronten der Schubladen und Schränke frei. Der erfrischend freche Wagen verspricht Erholung von der Sommerhitze und ist so der Mittelpunkt jeder Veranstaltung.

Stahl, Kacheln, Räder, Aluminium

hOMe

Andrew und Gabriella
Morrison

USA

2013

Der anwachsende Trend fort von konventionellen Häusern und hin zu kleinen, bezahlbaren Behausungen stand auch bei dieser modernen Interpretation eines Hauses auf Rädern Pate. Auf zwei Etagen mit insgesamt 20 Quadratmetern findet sich alles, was man zum Wohnen benötigt: Küche, Badezimmer, Ess-Wohn-Arbeits-raum, Schlafzimmer und sogar einen Holzofen. Unter der Treppe ist Stauraum vorhanden, und der klare Innenraum passt mit seinen Holzböden zur Außenverkleidung aus Holz. hOMe entsteht in Eigen-arbeit, kostet weder Miete noch Hypothekenraten und ist so eine überzeugende Alternative für mobiles Wohnen.

Vier Räder

Anhänger, Holz, Stahl, Glas

Ice Fishing Hut #885

Anonym

Kanada

2016

Richard Johnson hielt diese winzige Hütte in Quebec als Teil seiner Fotoserie Ice Huts im Bild fest. Sie bietet alles, was man braucht, um sich die Zeit während des eisigen kanadischen Winters mit Eisfischen zu vertreiben. Wie viele andere Hütten, die Johnson fotografiert hat, spiegelt diese ebenso sehr die Persönlichkeit des Besitzers wie die Tradition der Eisfischerei wider. Im Vergleich zu vielen anderen Exemplaren ist diese kleine Holzunterkunft für zwei Personen relativ aufwendig gestaltet: Auf Holzklötzen aufgebockt, ist sie im Winter eine stabile, beheizbare Unterkunft, die auf Rädern an Land gebracht werden kann, wenn das Tauwetter einsetzt.

Stahlchassis, Holz, Wellblech, Glas

AERO-Mobile

Office of Mobile
Design

USA

2015

Das AERO-Mobile ist ein Beispiel für Jennifer Siegals anhaltendes Interesse an dynamischen und ökologisch durchdachten Gebäuden. Dieses Modell bringt Mobilität und Serienfertigung in einer beweglichen Behausung zusammen, die unterschiedliche Funktionen erfüllen kann: Ausstellungsräume, Büroräume für Start-ups und Verkaufsräume sind mögliche Varianten. Die Grundplatte wird von einem Scherenlift angehoben und kann dann durch ausklappbare Flügel erweitert werden. Das AERO-Mobile besteht aus recycelten Industrieprodukten, zu denen auch ein im Flugverkehr verwendeter Frachtgutcontainer und Textilien von Segelbooten gehören.

Vier Räder

Hebebühnenwagen, Aluminiumrahmen,
Nylonplane, Aluminium

Future Wagon
Studiobird
Australien
2013

Der Future Wagon des australischen Architekten Matthew Bird setzt Fundmaterial ein, um historische Vorbilder wie Postkutschen und Zigeunerwagen zu einem Entwurf für Nomadenunterkünfte der Zukunft umzuwandeln. Die Konstruktion ist ein Konglomerat aus Elementen wie Stahlgittern, Oberlichtkuppeln, Installationsschläuchen und Stahlrohren. Die auffällige rhombische Form ist mit durchsichtigen PVC-Matten ausgekleidet und leicht genug, um von einer Person bewegt zu werden. Auf dem Bett aus blauem Gartenschlauch liegend kann man ohne die Sorgen eines Hausbesitzes die Aussicht auf die stets wechselnde Umgebung genießen.

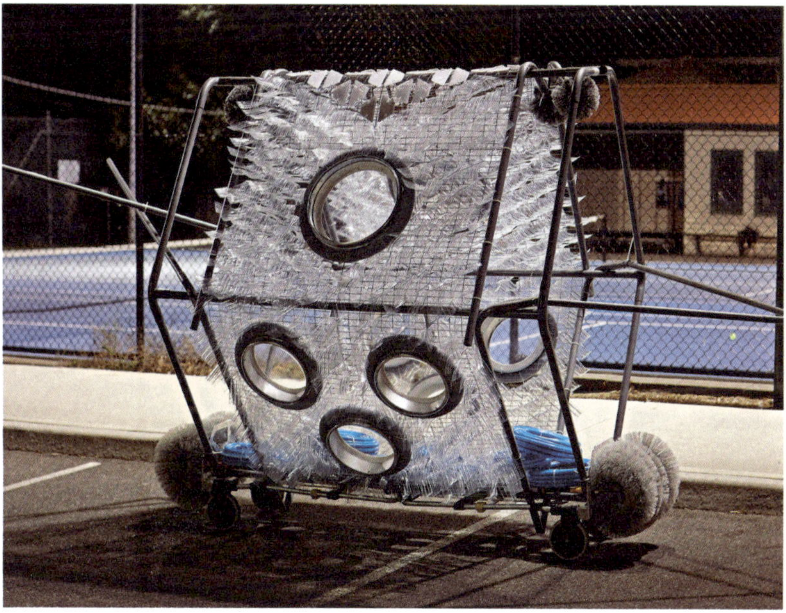

Stahlrahmen, Bockrollen, durchsichtige PVC-Matten, Staubwedel, Duschvorhangringe, Stahldrahtgeflecht

The Rolling Shelter

Eduardo Lacroze

USA

2015

Das Herz dieser rollenden Unterkunft für Obdachlose besteht aus einem Einkaufswagen. Die Konstruktion aus Spanplatten lässt sich leicht mit nur einem Schraubenzieher zusammenbauen und weist eine Klappe auf, die seitlich ausgefaltet wird, um Platz für ein Einzelbett mit Matratze zu schaffen. Unterwegs wird das Bett über dem Einkaufswagen verstaut, der Stauraum des Gefährts ist in beiden Zuständen zugänglich. Das Projekt erhielt einen Small Project Practitioners Award des American Institute of Architects und ist ein ernsthafter Lösungsvorschlag für die vorübergehende Hilfe bei örtlich begrenzt auftretendem Wohnraummangel.

Vier Räder

Metalleinkaufswagen, beschichtete Spanplatte, verzinkte Schrauben

Homeless Chateau

James Westwater

USA

2008

Diese Version von James Westwaters mobiler modularer Mikro-architektur gehört zu einem umfassenderen Projekt mit dem Titel Plywood Chateaux. Sie entstand infolge der Finanzkrise der Jahre 2007/2008 und der sich daran anschließenden Fragen des Haus-besitzes, besteht aus Fundstücken und Recycling-Material und ist gerade groß genug für eine Person. Die Collage aus reflektierenden Straßenschildern, Sperrholz, Holzpaletten und Baustoffresten war für Ausstellungen in Galerien konzipiert, um einem privilegierten Publikum Denkanstöße zu geben und bei ihm Mitgefühl mit dem Schicksal der Obdachlosen auszulösen.

Sperrholz, Straßenschilder, Bockrollen

Midget Bushtrekka

Kamp-Rite

USA

2012

Dieser vierrädrige Zeltanhänger ist als Begleiter bei Fahrradtouren gedacht und bietet alle Raffinessen, die man sich wünschen kann. Der Anhänger stellt wasserdichten Stauraum zur Verfügung und trägt das Zelt aus Ripstop-Nylon auf einer zweiteiligen erhöhten Plattform. Die wasserdichte Polyurethanbeschichtung des Nylons und die Insektengitter sorgen für ungestörte Nächte. Während das Aluminiumgestell die Zuglast angenehm reduziert, deutet der Name des Gefährts schon auf seine geringe Größe hin: In nur 120 Liter Volumen ist hier alles untergebracht, was man für einen kurzen Zelturlaub benötigt.

Vier Räder

Anhänger, Aluminiumgestell, Ripstop-Nylon

EDAR Mobile Unit

EDAR – Everyone
Deserves a Roof
Project
USA
2007

Der Name ist Programm: Der Prototyp und die gemeinnützige Organisation heißen „Jeder hat ein Dach verdient". Der Gründer und Designer Peter Samuelson stellt damit einen sicheren und machbaren Lösungsvorschlag für die Versorgung von Obdachlosen, deren Zahl stetig steigt, vor. Die zeltähnliche Unterkunft bietet Stauraum und einen Platz zum Schlafen. Tagsüber wird die Abdeckung in seitlichen Kästen verstaut und die Grundplatte zusammengeklappt, um einen kompakten fahrbaren Wagen zu erhalten, der über reflektierende Streifen, arretierbare Räder und eine Bremse verfügt. Vor allem aber ermöglicht sie Obdachlosen menschliche Würde.

Metallwagen, Matratze, wasserdichte Plane, Netzgewebe

The Opera
Rob Vos
Niederlande
2008

Zur Luxusklasse des Lebens unter dem Zeltdach gehört das Modell The Opera, dessen Form an das Opernhaus in Sydney erinnert. Die Zeltkonstruktion verzichtet auf Stangen, Heringe und Klappbetten und bietet stattdessen allen erdenklichen Komfort. Auf Teakholzböden stehen elektronisch verstellbare Betten, es gibt Stauraum, einen Kühlschrank und sogar eine Toilette aus Sanitärkeramik. Auch der Außenbereich ist mit einem leicht zugänglichen Gepäckabteil und einer zusammenklappbaren Freiluftküche gut ausgestattet. In geschlossenem Zustand lässt sich der Campinganhänger aufgrund seiner geringen Abmessungen leicht von Ort zu Ort transportieren.

Vier Räder

Metallchassis, Polyester, Teakholz, meerwasserfestes Polyester, Nylonseil, LEDs

Camper Kart

Kevin Cyr

USA

2009

Der Camper Kart des Künstlers Kevin Cyr verwandelt einen Einkaufswagen in eine autonome Unterkunft. Die robuste Hülle macht sie vielen Zelten überlegen und bietet Stauraum für Lebensmittel und Werkzeuge, ein einziehbares Bett und ein stabiles Dach. Ist die Schlafstatt zusammengelegt, ist der Wagen leicht zu bewegen, und um die Behausung zu öffnen, dreht man einfach eine Kurbel, mit der das Dach angehoben wird. Das Projekt ist ein interessantes Experiment auf dem Gebiet des mobilen Wohnens, aber auch ein sozialer Kommentar zum Einkaufswagen, einer Erfindung der 1930er-Jahre, die für manche zu einem Symbol der Obdachlosigkeit geworden ist.

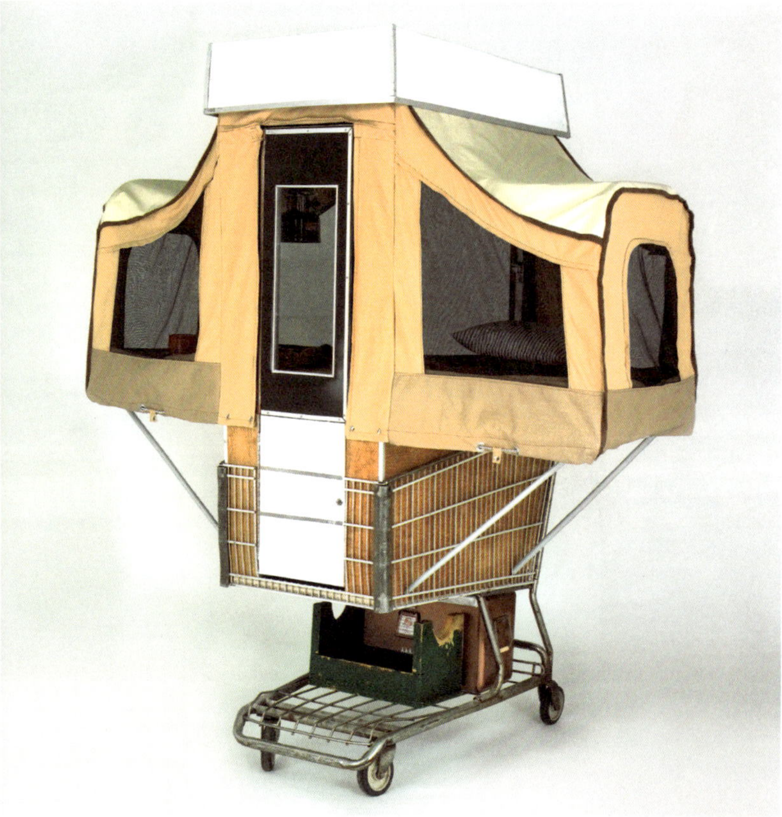

Stahleinkaufswagen, Spanplatte, Nylon, Leinwand

Homeless Vehicle	
Variant 3	
Krzysztof Wodiczko	
USA	
1988	

Wodiczkos Homeless Vehicles sind nicht als „Schöner Wohnen"-Spielereien gedacht, sondern als eine Kritik der „symbolischen, psychopolitischen und ökonomischen Vorgänge in der Großstadt". Die bedeutungsträchtigen Stahlkonstruktionen der Serie lassen sich zu Schlaf- und Waschräumen verwandeln, die auch Platz für gesammelte leere Dosen und Plastiktüten bieten. Prototypen sind von Obdachlosen verwendet, aber auch als Mittel der Sozialkritik in Galerien ausgestellt worden. Die röhrenförmigen Wagen blicken mit ihren Gitterseiten, den gummibeschichteten Planen und den unterschiedlich großen Rädern unsentimental auf die Obdachlosigkeit.

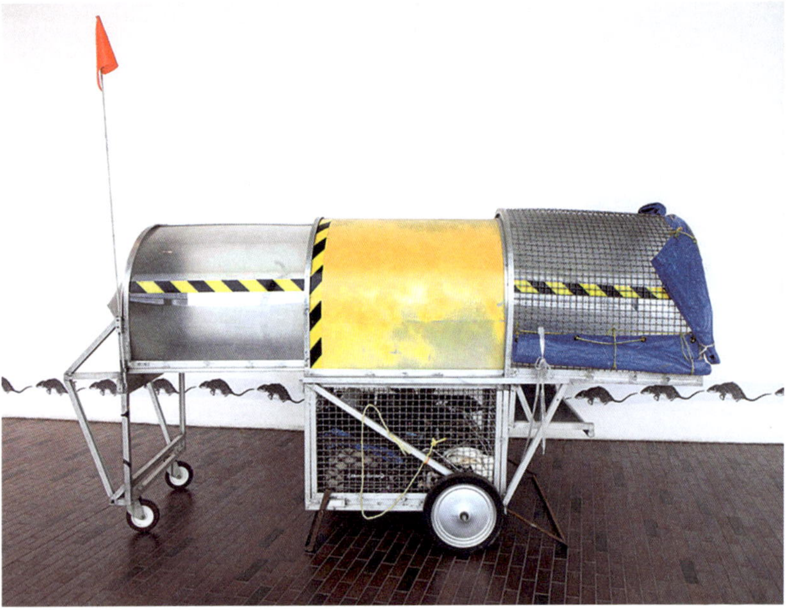

Vier Räder

Stahlrahmen, Polyesterplane, Sperrholz, Seil, Räder, Kunststoff

Toybox Tiny Home

Frank Henderson,
Paul Schultz

USA

2015

Das Toybox Tiny Home hebt sich mit seinen bunten Farben von üblicherweise eher nüchternen Nachbarn ab. Unter einem energieeffizienten thermoplastischen Dach und hinter einer Verkleidung aus Holz und Glasfaserwellplatten findet sich ein gemütlicher, durchdachter Innenraum einschließlich einer Küche, eines Wohnraums, eines Ess- und Schreibtischs und einer erhöhten Schlafetage. Der farbenfrohe Wohnwagen kommt mit den optionalen Solarpaneelen, Windrädern und grauwassergespeisten Blumenkästen der steigenden Nachfrage nach ökologischen Campingkonzepten entgegen und bietet laut den Designern „Frieden, Einfachheit, Glück und Erholung".

Stahlchassis, Rotzeder, Glasfaser, Sperrholz, Glas

Tripbuddy

Bill Davis

Großbritannien

2012

Tripbuddy ist eine kühne aerodynamische Alternative zum herkömmlichen Wohnwagen. Der CAD-Entwurf hat im Gegensatz zu vielen Konkurrenten eine als Monocoque gestaltete Karosserie, die den Luftwiderstand beim Ziehen verringert und bei schlechter Witterung keine Feuchtigkeit ins Innere dringen lässt. In diesem befinden sich Wohn-, Wasch- und Schlafzonen, die mit haltbaren Leder- und Teakoberflächen ausgestattet und über eine Heckklappe zugänglich sind. Um mehr als zwei Personen unterzubringen, kann der Eingang mit einem integrierten Vordach überspannt werden, an dem sich noch mehrere kleine Zelte anbringen lassen.

Vier Räder

Stahlchassis, Glasfaser, Acrylglas

Nebula
Andrew Maynard
Architects
Australien
2013

Nebula wurde von Arts Access Victoria (einem australischen Kollektiv von Künstlern mit kognitiven Behinderungen) für den Art Day South in Auftrag gegeben. Der mobile Kunstraum kann je nach Bedarf eine Galerie, eine Werkstatt, ein Atelier oder einen Seminarraum beherbergen. In der unverwechselbaren bunten Hülle finden bis zu 16 Künstler Platz, um der Kunst auch in der Großstadt Raum zu geben. Die ganze Großzügigkeit der Konstruktion wird erkennbar, wenn die Wände ausgeklappt zu Bodenplatten werden, die sich mit Vordächern aus durchsichtigen und farbigen Kunststoffsegmenten überspannen lassen.

Aluminium, Holz, Kunststoff

Porta Palace

Daniel Venneman

Niederlande

2015

Dieses ökologische, kompakte Mobilheim ist eine leichte, zweckmäßige Option für ein Leben auf der Straße. Trotz der geringen Grundfläche vermitteln die großen Fensterflächen und die bodentiefe gläserne Eingangstür einen großzügigen Raumeindruck. Im Inneren sorgt ein Hochbett für Platz. Es ist über einen raffinierten Tisch, der auch als Treppe dient und Stauraum bietet, zu erreichen. Der Wagen besteht aus vorbehandeltem Holz sowie aus Stahl- und Glaselementen, die vollkommen dem Recycling-Kreislauf zugeführt werden können, und erlaubt die Ausstattung mit Solarpaneelen, um ihn von stationären Versorgungsleitungen unabhängig zu machen.

Vier Räder

Stahlchassis, Holz, Stahl, LEDs

Golden Gate 2

Jay Nelson

USA

2014

Jay Nelson ist Künstler und begeisterter Surfer. Er fertigt jede seiner mobilen Behausungen in Handarbeit an, wodurch er bei jedem Exemplar neue Techniken erlernt und neue Ideen ausprobieren kann. Das vor allem aus Holz bestehende zweite Modell der Reihe Golden Gate ist eine architektonische Collage, die zum Ausruhen, Nachdenken oder Erforschen neuer Surfreviere einlädt. Die runde Form wird von Bullaugen und einer Flügeltür durchbrochen, vorne und hinten bieten große Windschutzscheiben einen guten Ausblick. Das charmante und auffällige Vehikel bietet auf Reisen genug Platz für ein Bett und ein Surfbrett.

Stahlrahmen, Holz, Sperrholz, Acrylglas, Metallschrauben

Work On Wheels

| IDEO |
| USA |
| 2014 |

Warum zur Arbeit fahren, wenn die Arbeit auch zu einem kommen kann? Das ist die grundlegende Idee von Work On Wheels (WOW) – einem transparenten, mobilen Arbeitsplatz, der von der internationalen Designagentur IDEO entworfen wurde. Das Modul wird mit Energie aus erneuerbaren Quellen versorgt und kommt dem Wunsch nach ortsunabhängigem Arbeiten entgegen. Es stellt einen klimatisierten Arbeitsraum zur Verfügung, der fahrerlos per GPS gesteuert wird und flexible Nutzungsmöglichkeiten für eine große Bandbreite von Berufen (von Zahnärzten bis zu Schneidern) oder einfach für jene bietet, die Wert auf eine gute Aussicht legen.

Vier Räder

Glas, Kunststoff, Stahl, Aluminium, Räder

Leaf House Version 2

Laird Herbert

Kanada

2012

Laird Herberts Lösung für jeden, der im kalten kanadischen Klima für eine vierköpfige Familie ein Heim schaffen muss, ist das Leaf House. Das maßgefertigte, vollkommen autarke Mobilheim vereint Leben auf kleinstem Raum mit einem Sinn für helle, gut durchdachte Räume und hochwertige Ausstattung. Im Inneren findet man Küche und Esszimmer, ein kleines Badezimmer und ein Hochbett über dem Wohnzimmer, groß genug für zwei. Die Außenhaut aus Rotzeder und Stahlwellblech ist mit Schaumstoff und Dreifachverglasung thermisch isoliert. Mit der Innenverkleidung aus Birken- und Rotzedernholz fügt sich dieses mobile Haus zu einem harmonischen Ganzen.

Vier Räder

Stahlchassis, Rotzeder, Stahlwellblech,
Glas, Gipskartonplatten

The Emerald

Tiny Heirloom

USA

2015

The Emerald ist hell, geräumig und voller Charme. Der Hersteller, das Familienunternehmen Tiny Heirloom, hat sich auf hochwertige Mobilheime spezialisiert und macht dabei keine Kompromisse: am Platz wird gespart, aber an der Qualität nicht. Dieses Modell mit den klassischen Spitzgiebeln hat Küchenoberflächen aus Granit, eine maßgefertigte Essecke, ein Badezimmer und ein Wohnzimmer sowie eine Waschmaschine und eine Garderobe. Die geweißten Holzwände geben dem großzügig ausgestatteten Haus eine luftige Geräumigkeit, und die Höhe reicht gerade aus, um ein Hochbett und Oberlichter unterzubringen.

Stahlchassis, Stahl, Rotzeder, Glas

The Cowboy

Hummingbird Micro
Homes

Kanada

2014

Dieser Cowboy ist ein winziges Haus auf Rädern, das eine praktische, effiziente und bezahlbare Lösung für das Leben unterwegs darstellt. Das Mobilheim des kanadischen Herstellers Hummingbird Micro Homes vereint rustikalen Charme mit durchdachter Planung und trotzt auch den harschen Wintern des hohen Nordens. Hinter der zweifarbigen Fassade befindet sich ein gemütliches Inneres mit Küche, Badezimmer, Ess- und Wohnzimmer und einer Schlafempore. Die Außenhaut aus Holz und Stahlwellblech wird von vielen Fenstern durchbrochen. Der kleine, aber stabile Wohnwagen ist auf einem doppelachsigen Anhänger montiert und wartet auf Abenteuer.

Vier Räder

Stahlchassis, Stahlwellblech, Holz,
Gipskartonplatten, Glas

Leaf House Version 3

Laird Herbert

Kanada

2015

Laird Herberts winzige Wohnwagen verbinden zeitgenössische Ästhetik mit einer Konstruktionsweise, die sie für kaltes Wetter geeignet und somit auch im Winter bewohnbar macht. Dieses dritte Modell aus der Leaf-House-Serie bietet einfache Annehmlichkeiten sowie umweltbewusstes Denken und ist mit wiederverwertetem Material verkleidet. Im Inneren wurden nachhaltige Baustoffe und passives Solardesign verwendet, außerdem eine Propanheizung sowie eine Komposttoilette installiert. Das Lärchenholz und das Birkensperrholz der Innenverkleidung sind nicht toxisch und verleihen dem Heim auf Rädern einen ernsthaften ökologischen Anspruch.

Stahlchassis, Rotzeder, Laubholz, Gipskartonplatte, Isolierschaum, Glas

Woody the Trailer
Brian und Joni
Buzarde
USA
2012

Brian und Joni Buzarde hatten einen Hang zum Nomadentum und Architektur-Studienabschlüsse, aber kein großes Budget, als sie dieses Projekt in Angriff nahmen. Ihr Mobilheim löste das Problem, dass sie eine Unterkunft brauchten, aber noch nicht wussten, wo sie sich niederlassen wollten. Anstatt etwas zu mieten, legten sie ihre Ersparnisse in Woody the Trailer an, einem spitzwinkligen und in Bezug auf die Raumnutzung spitzfindigen Häuschen. Die Holzhülle auf einem modifizierten Anhänger bietet im Inneren alles Notwendige und einige Annehmlichkeiten wie einen Holzofen, eine Badewanne, einen Kleiderschrank und große Glasschiebetüren zur Veranda.

Vier Räder

Stahlchassis, Rotzeder, Stahlrahmen,
Acrylglas, Birkensperrholz

Dieses Märchenhaus von Abel Zimmerman Zyl lässt erkennen, dass er als Tischler wie als Ingenieur begabt ist. Moon Dragon ist eines der vielen künstlerischen kleinen Häuser, die er entworfen und gebaut hat. Die Schindelverkleidung und die vielfältigen Fensteröffnungen zeigen seine Vorliebe für belastbare und durchdachte individuelle Maßarbeit. Das Wohnzimmer vermittelt mit Holzverkleidung und -oberflächen einen großzügigen Raumeindruck, und unter der Treppe, die nach oben zum Schlafraum führt, verbergen sich Staukästen. Unter dem geschwungenen Dach und hinter fantasievollen Fenstern kann man so zu echten und erdachten Abenteuern reisen.

Stahlchassis, Sperrholz, Glas, Kunststoff, Aluminium

ATLAS

Blake Dinkins,
Lance Cayko,
Alex Gore,
Sarah Schulz

USA

2015

ATLAS ist von der Grundidee bestimmt, dass man elegant campen kann, ohne sein Umweltbewusstsein aufgeben zu müssen. In einem stabilen Stahlkasten mit einer großen Glasschiebetür und ausklappbarer Veranda befindet sich reichlich Platz, um sich zu entspannen und die Natur zu genießen. Die Küche, der Wohnraum und das Hochbett sind in Holz gehalten, das Badezimmer liegt hinter einer Tür aus gebürstetem Stahl. ATLAS ist dank der Solarpaneele und einer Regenwassersammelanlage autark. Im Gegensatz zum mythischen Namensgeber ist dieser nicht vom Gewicht der Welt beschwert, sondern von der Leichtigkeit des Seins geprägt.

Vier Räder

Anhänger, Stahlrahmen, Holz, Glas, Solarpaneele

Tiny Office

Ikke en Pind

Dänemark

2016

Dieser mobile Arbeitswagen kommt den Veränderungen entgegen, die das Denken über das Wie und Wo des Arbeitens zu prägen beginnen. Angeregt durch die Notwendigkeit, das ganze Jahr hindurch auf unterschiedlichen Baustellen Projekte zu leiten, entstand mit Tiny Office eine Lösung, die Schreibtisch, Ofen und reichlich Platz für Büromaterial bietet. Das Büro ist auf einem Anhänger montiert und kann leicht von Ort zu Ort gezogen werden, um sich mit Kunden oder Kollegen zu besprechen oder einfach nur durch eine neue Umgebung inspirieren zu lassen. Die Kosten für die maßgefertigten Büros sind mit denen für kommerzielle Mietlösungen vergleichbar.

Anhänger, Holzplatten, Glas, Gipskartonplatten, Ofen

Try-on Truck

Spiegel Aihara
Workshop,
Mobile Office
Architects

USA

2015

Ein nach allen Seiten offener, mobiler Verkaufsraum mag kaum als geeigneter Ort erscheinen, um Damenunterwäsche anzuprobieren. Doch genau den sollten Spiegel Aihara Workshop und Mobile Office Architects im Auftrag von True&Co. schaffen: einen mobilen Umkleideraum, in dem Frauen die im Internet angebotenen Kollektionen der Firma kennenlernen können. Aufsehenerregend offen, aber innen sehr gemütlich, bietet der Shop zur Straße hin Ausstellungs- und Kassenflächen, während sich hinter teils transparenten, teils opaken Glaseinsätzen die Umkleidekabinen verbergen – ein leicht voyeuristisches Element, das durchaus zur angebotenen Ware passt.

Vier Räder

Stahlchassis, Holz, Glas

Koleliba

Hristina Hristova

Bulgarien

2015

Koleliba ist ein Neologismus aus den bulgarischen Wörtern für „Hütte" und „Rad". Der Wohnwagen des Architekturbüros Hristina Hristova bietet das Optimum für ein bescheidenes Budget und beschenkt die Besitzer mit der Möglichkeit, dem Massentourismus zu entkommen. Das in hellen Holztönen gehaltene Innere schafft ein großzügiges Raumgefühl und schließt neben Stauraum eine Küche, ein Badezimmer und ein Doppelklappbett ein. Eine große Glasschiebetür führt nach draußen zur Veranda mit einer abnehmbaren Holzbank und einem großen Vordach aus Leinwand, das den nutzbaren Außenraum vergrößert.

Anhängerchassis, Stahlrahmen, bulgarisches Kiefernholz, Glas, Leinwand, Sperrholz

Vista

Escape Traveler

USA

2016

Ist es eine Hütte? Ist es ein Wohnwagen? Die robuste Holzkonstruktion Vista widersetzt sich schnellen Klassifizierungsversuchen. Sie bietet ein oder zwei Personen komfortables Campingvergnügen, und ihr besonderer Reiz liegt, wie der Name schon andeutet, vor allem in der unmittelbaren Beziehung, die sie zur freien Natur schafft. Drei große Fenster öffnen sich vom Wohn-Schlafraum nach draußen und bieten herrliche Aussichten. Der Innenraum ist klar gegliedert und verfügt neben vielen Staumöglichkeiten auch über eine kleine Küche und ein Badezimmer. Die Innenverkleidung besteht aus Holz, das neben wetterfestem Cor-Ten-Stahl auch die Außenhaut bildet.

Vier Räder

Anhängerchassis, Rotzeder, Cor-Ten-Stahl, Glas

Filter Studio

Camera Buildings

Kanada

2014

Dieses helle, geräumige und bezahlbare kleine Haus auf Rädern ist eine inspirierende Option für all jene, die aus wenig mehr machen wollen. Das moderne, schlichte Innere des für die strengen Winter in Vancouver gebauten Mobilheims findet in der klaren äußeren Gestaltung seine Entsprechung. Das Projekt des Spezialisten für Kleinsthäuser John McFarlane erfüllt den Traum von einem einfacheren Leben, bietet aber dennoch eine Küche, einen Wohn- und Essraum, ein Badezimmer und ein ausziehbares Doppelbett. Das lichtdurchflutete Innere mit den bodentiefen Fenstern im Wohnbereich hebt das kleine Haus deutlich vom Üblichen ab.

Stahl, Glas, Holz, Aluminium, Gipskartonplatte

Mensch

Ohne Räder

Ein & Zwei Räder

Drei Räder

Vier
Räder

**Fünf +
Räder**

Kufen +

Wasser

People's Canopy

People's Architecture
Office
Großbritannien
2015

Der People's Canopy ist eine Entwicklung des People's Architecture Office aus Peking. Unter dem zehnrädrigen Schirm können unterschiedliche Veranstaltungen stattfinden. Ursprünglich sollte das Gefährt das menschenleere Stadtzentrum des britischen Ortes Preston wiederbeleben. Die Konstruktion macht sich Erfahrungen mit provisorischen Schirmen in Südchina zunutze, die dort zeitweilig Bars oder Restaurants beherbergen – lebhafte öffentliche Räume für die gemeinschaftliche Nutzung. Wie eine rote Ziehharmonika überspannt jede Einheit zwölf Meter. Bei Bedarf können mehrere Exemplare zu einem langen Dach zusammengefügt werden.

Fünf + Räder

Metallrahmen, Polyester, Fahrradräder

Bamdokkaebi Night Market

MOTOElastico
(Simone Carena und
Marco Bruno)

Südkorea

2016

Der Bamdokkaebi Night Market in Seoul ist nur an den Abenden des Wochenendes geöffnet. Dann werden diese lebhaften, mobilen Konstruktionen aufgestellt, die einfach zusammengeklappt und weggeräumt werden können, wenn der Markt beendet ist. Die V-förmigen Metallrahmen öffnen und schließen sich wie ein Scherengitter, jeder Rahmen ist mit orangefarbenem PVC-Gewebe bespannt. Die Anlage besteht aus 70 Modulen, die jeweils einen einzelnen Verkaufsstand beherbergen und von Räderpaaren getragen werden, sodass jedes Modul einzeln bewegt werden kann. Durch die Zickzackstruktur wird der Blick auf den Fluss freigegeben, an dem der Markt liegt.

Stahlrahmen, PVC-Platten, Räder

A47 Mobile Library

Productora

Mexiko

2012

Die fahrbare Bücherei wurde von der gemeinnützigen mexikanischen Kulturorganisation Alumnos47 Foundation in Auftrag gegeben. Der als A47 bekannte elegante, weiße Lastwagen trägt eine wertvolle Bildungsfracht in Form von etwa 1500 Büchern. Außerdem bietet er Raum für Diskussionen, Performances und andere Veranstaltungen. Die aus Metallgittern bestehenden Seitenwände lassen sich vollkommen öffnen, und der hydraulische Boden kann in fünf Teilen angehoben werden, um einen ansteigenden Zuschauerraum zu schaffen. Das auffällige Gefährt lädt zum Stöbern ein und wird einfach mit den Gitterwänden geschlossen, wenn es nicht in Gebrauch ist.

Fünf + Räder

Lkw, Metallgitterplatten, hydraulischer Boden

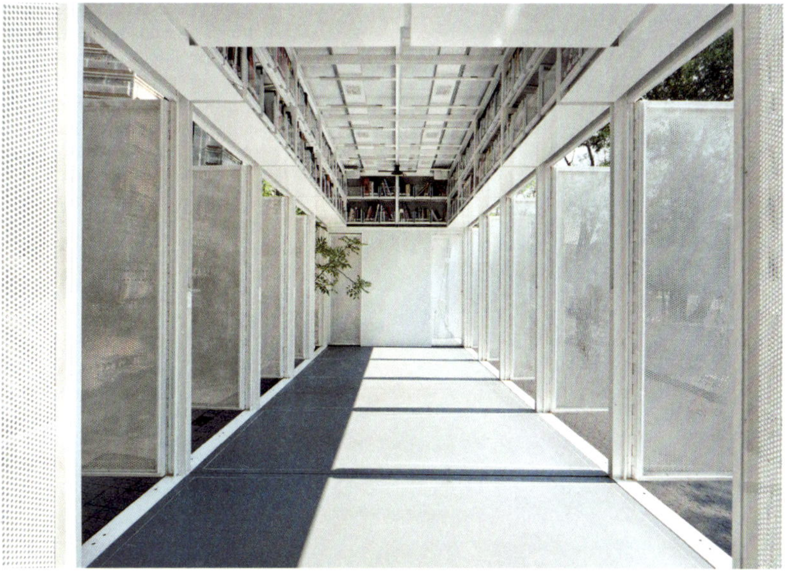

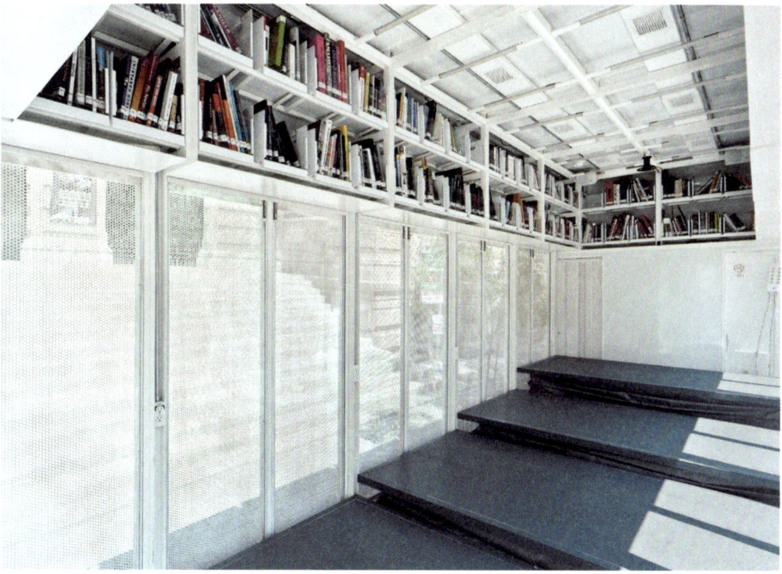

Mobile Art Shop
Kiosk: Flip

MOTOElastico
(Simone Carena und
Marco Bruno)

Südkorea

2013

Der zickzackförmige, bonbonbunte Flip-Kiosk wurde für die Seoul Design Foundation entworfen, wobei die traditionell als Raumteiler dienenden koreanischen Wandschirme *Byung-poong* Pate standen. Der Kiosk ist ein Teil des in der Stadt aufgestellten Mobile Art Shops der Design Foundation und bietet auseinandergezogen eine große Ausstellungsfläche. Er kann aber auch bei anderen Veranstaltungen als Verkaufs- und Werbefläche genutzt werden. Das geringe Gewicht erlaubt das Verstellen durch eine Person, aber mittels einer Anhängerkupplung kann der Kiosk auch leicht mit einem Motorfahrzeug über weitere Strecken transportiert werden.

Fünf + Räder

Riffelstahlblech, MDF, Räder

Mobile Art Shop
Kiosk: Cone
MOTOElastico
(Simone Carena und
Marco Bruno)
Südkorea
2014

Diese Auftragsarbeit für die Seoul Design Foundation gehört zu einer Serie von drei auffallend originellen mobilen Shops, die auf den Außenflächen der Dongdaemun Design Plaza in Seoul aufgestellt wurden, um bei verschiedenen Veranstaltungen als Ausstellungsflächen zu dienen. Diese Variante besteht aus orangefarbenen Verkehrsleitkegeln, die über einer wasserfesten Unterstruktur zu einer feurigen Stachelhaut zusammengefügt wurden. In geschlossenem Zustand ist der Cone-Kiosk vollkommen von den Kegeln eingehüllt und wird so zu einem markanten und unverkennbaren Bestandteil der Fußgängerzone des Stadtviertels, in dem er steht.

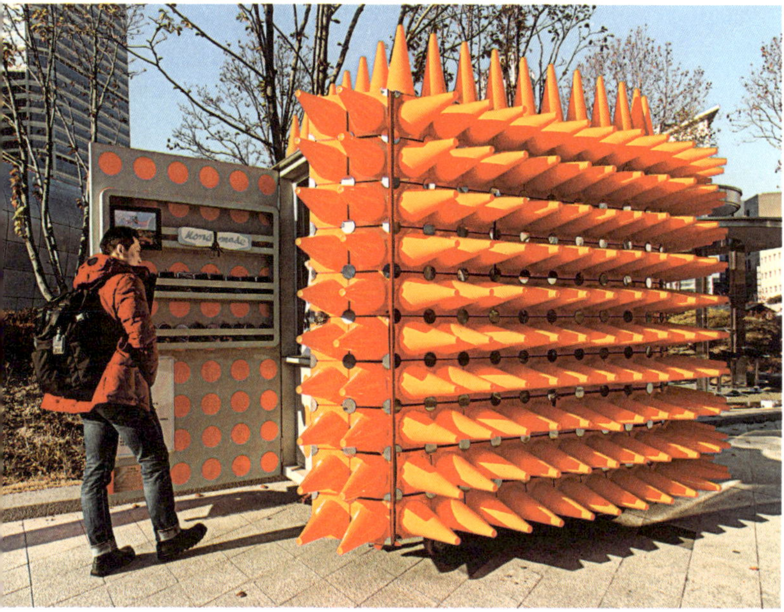

Stahlkonstruktion, Verkehrsleitkegel, Räder

Rolling Huts

Olson Kundig
Architects

USA

2009

Diese Stelzenhütten befinden sich in einem flutgefährdeten Tal und treten dort an die Stelle eines Campingplatzes voller Wohnmobile. Die sechs Hütten bieten Familien und Freunden schlicht-elegante Rückzugsorte auf Plattformen aus Stahl und Holz. Die Innenräume sind zugleich karg und komfortabel, ihre unbehandelten Oberflächen aus Kork und Sperrholz ökologisch unbedenklich. Trotz der geringen Größe verfügt jede Hütte über ein Wohnzimmer, ein Schlafzimmer, ein Badezimmer und einen Holzofen sowie eine umlaufende Veranda, um den Ausblick genießenzu können. Die Räder erheben die Hütten über die Auswirkungen des schlechten Wetters.

Fünf + Räder

Stahlrahmen, Glas, Sperrholz, Stahlplatte

Vagón del Saber

Al Borde

Ecuador

2012

Diese Neuinterpretation eines klassischen Eisenbahnwaggons transportiert Wissen als Fracht. Zwar wurde das ursprüngliche Rot des Wagens beibehalten, aber der Vagón del Saber („Wissenswaggon") ist jetzt ein Mehrzweckraum, in dem bis zu 80 Personen bei einer Theatervorstellung oder 20 in einem halb geschlossenen Arbeitsraum Platz finden. Die Seitenwände mit eingebauten Sitzen und wegklappbaren Treppen ermöglichen eine einfache Umgestaltung des Waggons. Wie ein wandernder Lehrer ist der Vagón del Saber auf dem Schienennetz an der Küste Ecuadors unterwegs und bringt dort auch abgelegene Gemeinden in den Genuss von Kultur.

Fünf + Räder

Eisenbahnwaggon, Gummi, Holz, Leinwand

8rad² Solar

Nico Jungel

Deutschland

2015

Dieses Lastenrad ist umweltfreundlicher – und beeindruckender – als jeder Lkw. Die radikale Alternative zu Fahrzeugen mit herkömmlichen Verbrennungsmotoren regt Passanten dazu an, über die Belastbarkeit und Nachhaltigkeit von Lastenfahrrädern nachzudenken. Das 8rad² ist das größte Lastenrad der Welt und trägt auf acht Rädern einen riesigen Frachtraum. Es wird von zwei Personen angetrieben und gesteuert, wartet aber auch mit einem von Solarenergie angetriebenen Motor auf, falls ein Fahrer auf sich allein gestellt ist. Das stabile, vielseitige Vehikel kann genauso mit einer Holzhülle versehen und vom Lastenesel zum Wohnmobil umgewandelt werden.

Stahlchassis, Holzrahmen, durchsichtiger Kunststoff, Fahrradteile

AMIE 1.0

Skidmore, Owings and Merrill (SOM)	
USA	
2013	

AMIE (Additive Manufacturing Integrated Energy) ist eine im 3D-Druckverfahren hergestellte Unterkunft, mit der das Potenzial erneuerbarer Energiequellen sowohl in städtischen Umgebungen als auch in entlegenen Gegenden untersucht wird. Es handelt sich um ein weißes Gehäuse mit kiemenähnlichen Schlitzen, die Ausblicke nach draußen ebenso ermöglichen wie Lichteintritt nach innen. Die von der Fotovoltaikanlage auf dem Dach erzeugte Energie wird drahtlos zu einem begleitenden 3D-Fahrzeug übertragen, in dem sich ein gasbetriebener Generator befindet. Zusammen zeigt das Paar die Möglichkeiten energieeffizienter Technologien auf.

Stahlrahmen, Aluminium, monokristalline Fotovoltaikpaneele, Linoleum

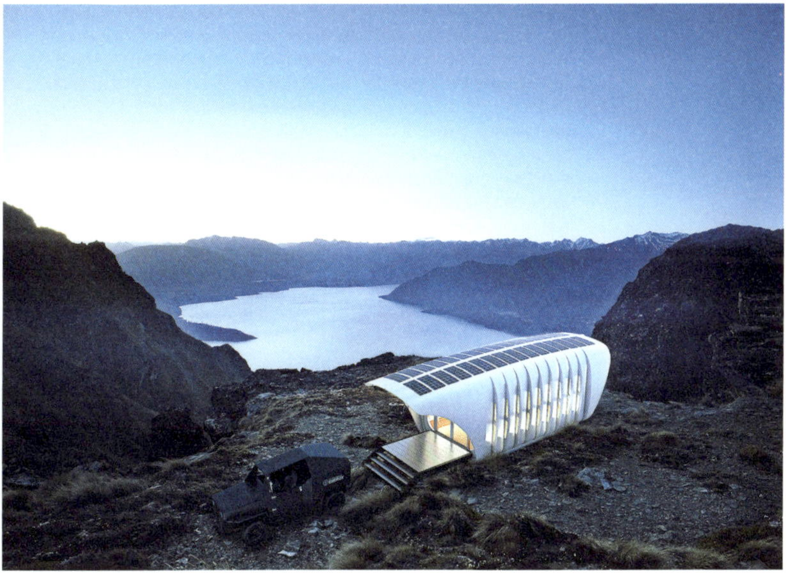

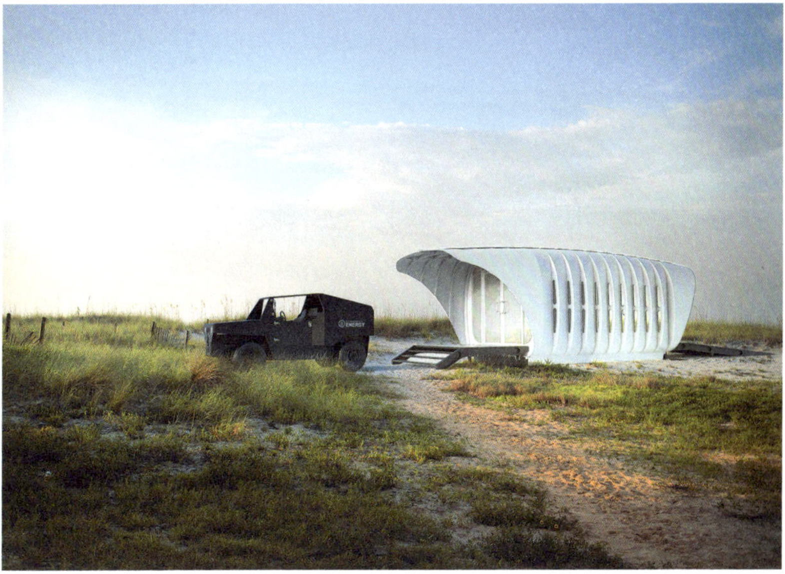
ENERGY

Wothahellizat Mk1

Rob Gray

Australien

2001

Das Wothahellizat Mk1 wirkt wie ein Gürteltier auf Rädern und gilt als das „größte, abgedrehteste und bekannteste Wohnmobil" Australiens. Der frühere Armeelastwagen ist ein robustes Heim auf Rädern, mit dem man überall hingelangen kann. Das riesige, in Aluminiumprägeplatten gehüllte Äußere lässt nicht erkennen, wie geräumig und durchdacht das Innere ist. Hier findet sich Platz für alle Grundbedürfnisse, aber auch für zwei Motorräder, einen beträchtlichen Frischwasservorrat, Lebensmittel für drei Monate und „etwa 90 Flaschen Bier". Bahnt sich das Gefährt seinen Weg durch Schlamm, Sand und Staub, ist das nichts für schwache Nerven.

Lastwagen, geprägte Aluminiumplatten, Glas

Ovida by Getaway

Millennial Housing Lab
USA
2015

Getaway wurde vom Millennial Housing Lab der Harvard-Studenten Jon Staff und Pete Davis gegründet, um die Realisierbarkeit und die Psychologie des Lebens auf eingeengtem Raum zu untersuchen. Zur Auslotung der Frage, wie effektiv und ansprechend ein kleiner Raum gestaltet werden kann, gaben Staff und Davis Ovida in Auftrag. Diese winzige Unterkunft ist für Kurzurlaube gedacht und zeichnet sich durch hochwertige Materialien und geschickte Raumnutzung aus. Es muss sich noch zeigen, ob derartige Miniaturhäuser ihren Weg in den Mainstream finden, aber die Häuschen von Getaway kann man mieten und so schon einmal selbst die Probe machen.

Stahlchassis, Holz, Glas

Studio Dental

Montalba Architects

USA

2014

Indem es den Zahnarztstuhl zum Patienten bringt, entkräftet das Studio Dental zumindest eine Ausrede, nicht zum Zahnarzt zu gehen. Die elegante Praxis auf Rädern soll das Vermeiden zahnärztlicher Behandlungen auf ein Minimum reduzieren. Im Inneren befinden sich ein Wartebereich, eine Sterilzone und zwei Behandlungsräume. Die Zimmer sind durch Holzplatten, die mit dekorativen Lochmustern versehen sind, voneinander abgetrennt. Kleine Ausschnitte hoch oben in der Decke lassen Licht eintreten, ohne die Privatsphäre zu verletzen. Vielleicht ist diese mobile Lösung geeignet, die Angst vor dem Zahnarzt zu nehmen.

Fünf + Räder

![STUDIO DENTAL]

Stahlchassis, Metall, Gipskartonplatte, Holz

Mensch

Ohne Räder

Ein & Zwei Räder

Drei Räder

Vier
Räder

Fünf +
Räder

Kufen +

Wasser

Ski Haus

Richard Horden

Associates

Schweiz

1991

Als leichtgewichtige, mobile Unterkunft für abgelegene Gebiete im Hochgebirge ist das Ski Haus nichts für ängstliche Gemüter, auch wenn es von den Hängen atemberaubende Ausblicke über die schneebedeckte Umgebung bietet. Dank stabiler Befestigungselemente lässt es sich leicht an einen Hubschrauber hängen und zu anderen Standorten transportieren, wo vier sechseckige Füße für eine sichere Landung sorgen. Das autarke, aluminiumverkleidete Ski Haus hat Platz für vier Personen und versorgt sich anhand von Solar- und Windturbinen selbst mit Energie. Die Hightech-Hütte eignet sich gleichermaßen für Skifahrer und Bergsteiger.

Kufen +

Aluminiumrahmen, Glas, Solar- und Windturbinen

The Mailroom

Timothy

Smith-Stewart,

Charles Spitzack

USA

2014

Dieser „wandernde Zufluchtsort" ist eine immersive Kunstinstallation, die auf dem zugefrorenen White Bear Lake in Minnesota Geheimnisse und Geschichten sammelt. In der verspiegelten Außenhaut befindet sich eine rote Tür, durch die man den Innenraum betritt, der sich in drei Dimensionen zu einem Mittelpunkt verjüngt. Dort steht ein einzelner Schreibtisch aus Holz, an dem man die handgeschriebenen Briefe früherer Besucher lesen und eigene verfassen kann. Die Besucher sind eingeladen, Teil einer Gemeinschaft zu werden, die durch das Teilen von Geschichten und Erlebnissen entsteht. So wird auf das Beziehungsgeflecht verwiesen, das uns alle verbindet.

Sperrholz, Mylar-Spiegel, Holz

Solar Arc
Aaron Marx
USA
2011

Der Solar Arc war eine der Hütten, die alljährlich bei der Veranstaltung Art Shanty Projects zu Dutzenden den gefrorenen White Bear Lake in Minnesota in einen Ort der öffentlichen Kunst verwandeln. Die schwarze, polygonale Struktur des Solar Arc ruht auf Kufen und wurde durch die vielen Hütten der Eisfischer inspiriert, die im Winter auf dem Eis der Seen in der Umgebung stehen. Besucher können sich innen auf einer großen geflochtenen Hängematte niederlassen und das Spiel von Licht und Schatten genießen, das durch die Löcher in der Deckenplatte auf den Boden geworfen wird.

Kufen +

Holzschlitten, Holzrahmen, Sperrholz, Plane,
Stahl, Netzgewebe

**Ice Fishing Hut #711
Scugog Point,
Ontario**

Anonym

Kanada

–

Dieses knallrote Exemplar gehört zu Richard Johnsons Serie Ice Hut, in der die Hütten kanadischer Eisfischer im Bild festgehalten sind. Manche der Hütten gehen in ihrer Ausstattung über die Notwendigkeiten des Wetterschutzes, der Transportierbarkeit und des Zugangs zum Eis hinaus und bieten zusätzliche Annehmlichkeiten wie etwa einen Holzofen. Die Hütten weisen viele grundlegende Gemeinsamkeiten auf, doch Johnson fängt auch ihre Eigenarten ein, wie die aufgesprühte Elvis-Figur auf dieser Hütte am Scugog Point in Ontario. Das schlichte und doch anziehende Bauwerk steht auf einem Holzschlitten, damit es am Ende der Saison wieder vom Eis kommt.

Holz, Metall, Glas

Rope Pavilion
Kevin Erickson
Kanada
2012

Der Rope Pavilion war Preisträger bei einem jährlich stattfindenden Wettbewerb für wärmende Hütten am Assiniboine River in Winnipeg. Die Konstruktion aus leicht verfügbaren Materialien schützt vor Temperaturen bis zu 40 Grad unter dem Nullpunkt. Auf einem Schlitten steht ein Gerüst aus zwölf senkrechten Birkenrippen, die mit 128 Lagen eines Synthetikseils umwickelt sind. So ist man vor der Kälte geschützt und kann trotzdem Aus- und Einblicke genießen. Dieser Unterstand trotzt Schnee- und Windlasten, weil das Seil als Geflecht durch Löcher in den Rippen geführt wird und so nicht nur eine Hülle bildet, sondern auch für die Standfestigkeit der Hütte sorgt.

Kufen +

Seil, Birkenrahmen, Stahlschrauben, Schlittenplattform

One Eye Folly

Donald Lawrence

Kanada

2008

Diese kleine architektonische Narretei auf Eis gehört zu der Ausstellung Ice Follies auf dem Lake Nipissing in Ontario. Ein mit Rudern ausgestattete Mischwesen aus Boot und Hütte steht auf einem Schlitten, sein Dach besteht aus geprägten Blechkacheln und wird von zwei Ausgucklöchern und einer alten Tür durchbrochen. Durch eine weitere Öffnung tritt Licht ins Innere und verwandelt die Hütte in eine Camera obscura. Wenn man wie in einer Lochkamera die Winterlandschaft und die anderen Exponate der Ausstellung an die Innenwand der Hütte projiziert sieht, erinnert das an Unterhaltungsbuden, die vor über 100 Jahren beliebt waren.

Holz, Ruderboot, Kunststoff, Seil, Stein, Mikrofone, Hydrofon, Holzschlitten

Nomad Sauna

Marco Casagrande

Norwegen

2012

Diese Sauna auf Skiern entstand als Gemeinschaftsarbeit von 20 Studenten des Survival Architecture Workshops unter der Leitung von Marco Casagrande in der bitteren subpolaren Kälte am norwegischen Røssvatnet-See. Sie wurde als Reaktion auf klimatische Herausforderungen entwickelt und gebaut. An der Außenseite befindet sich ein Ofenrohr und der Holzvorrat, im Inneren ein kleines Podest für den Ofen, gestufte Sitzgelegenheiten und ein Loch im Eis, um sich im Seewasser abzukühlen. Im Winter kann die Nomad Sauna über das gefrorene Gewässer geschoben werden, im Sommer steht sie am Badestrand für die Nutzung durch die Anwohner bereit.

Kufen +

Holz, Metall

Sound Booth

Barry Prophet

Kanada

2010

Der Sound Booth war ein Exponat der Ausstellung Ice Follies, die 2010 von der WKP Kennedy Gallery auf dem zugefrorenen Lake Nipissing in North Bay (Ontario) veranstaltet wurde. Das akustische Kunstwerk stammt von dem Komponisten, Perkussionisten und Bildhauer Barry Prophet und ist eine Angelhütte mit einem langen Hörrohr, das aus einer Wand ragt. So wird die Hütte zu einem Lauschraum, in dem man die an knisterndes Eis erinnernden Töne hört, die draußen von einer zylindrischen, aus Rohren, Gewinde-stangen, Stahlschrauben und wiederverwendeten Edelstahlblechen bestehenden „Spieluhr" erzeugt werden.

Sperrholz, Metallschrauben, Holzschlitten

The Starlight Room
Raniero Campigotto
Italien
2016

Eine einsame Hütte für Übernachtungen im Gebirge, eine entlegene Unterkunft inmitten der Dolomiten: Dieses wärmegedämmte Doppelzimmer steht auf Schlittenkufen und kann gemietet werden. Die Holzkonstruktion wurde von örtlichen Handwerkern errichtet und bietet durch die großen Glasflächen Ausblicke auf die atemberaubende Schneelandschaft. Besucher werden durch Campigottos nahegelegene Berghütte betreut und können in 2055 Meter Höhe das köstliche Essen und den Wein der Region genießen. The Starlight Room ist per Fahrrad, Schneemobil oder mit Schneeschuhen erreichbar und ein idealer Ort, um sich in aller Ruhe dem Sternenhimmel zu widmen.

Kufen +

Stahlrahmen, Holz, Glas, Skier

DW Sauna

Denizen Works

Finnland

2011

Diese moderne Variante der klassischen skandinavischen Sauna ist außen praktisch und innen gemütlich. Da die DW Sauna auf einem Schlitten errichtet ist, sind die örtlichen Bauvorschriften für ortsfeste Bauwerke für sie nicht gültig. Die bescheidene Hütte steht in der finnischen Stadt Åland und besteht aus in der Umgebung geschlagenem Holz, Recycling-Fenstern und einem mit Kiefernholz verkleideten Innenraum. Auf dem Trockenen wird die Sauna provisorisch an Betonklötzen verankert, wenn das Eis aber tragfähig ist, geht es hinaus auf den See. Dort kann man sich dann über Klima und Katasteramt triumphierend aufwärmen, bevor man ins Eiswasser taucht.

Kufen +

Holz, Ofen, Recycling-Glas, Kiefernholz

Hut on Sleds
Crosson Architects
Neuseeland
2012

Die Hut on Sleds ist eine bewegliche Strandhütte. Das Holzgebäude steht auf großen Holzkufen, sodass es per Schleppkahn oder Traktor an eine andere Stelle gezogen werden kann, falls es durch Sandabspülungen gefährdet sein sollte. In dem zwei Stockwerke hohen Häuschen sind ein großes Schlafzimmer mit Stockbetten, Ess- und Wohnzimmer und eine Küche untergebracht – gekrönt von einer Dachterrasse. Die bodentiefen Türen und durchdacht platzierten Fenster geben den Blick nach draußen frei, aber das Urlaubshaus lässt sich sogar vollkommen öffnen, indem man die vordere Faltwand aus Holz nach oben klappt.

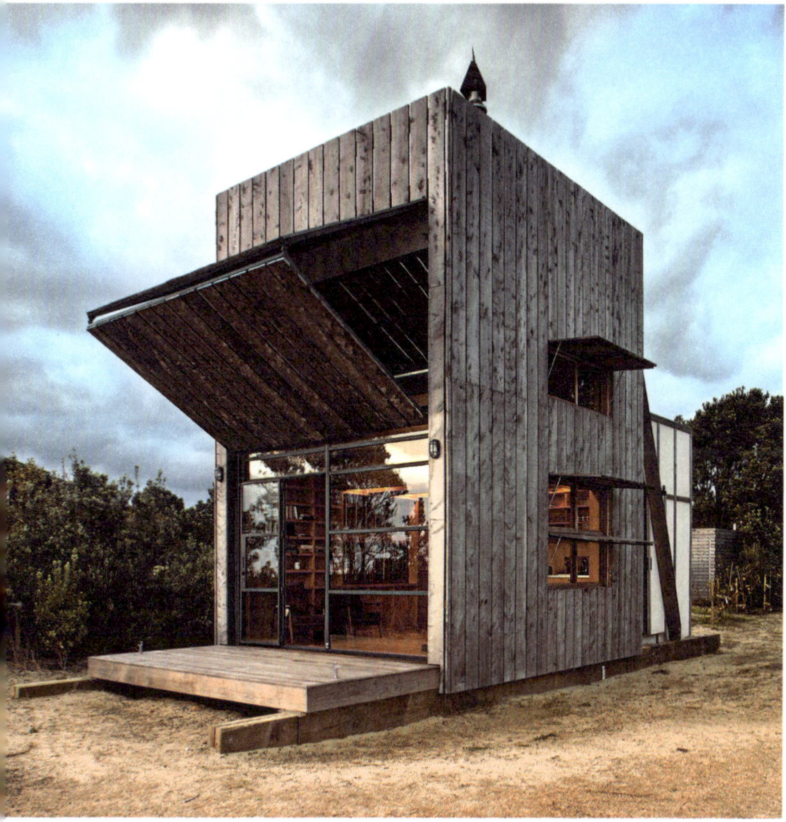

Holz, Acrylglas, Glas, Stahl

Ice Fishing Hut #680
Silver Lake,
Nova Scotia

Anonym

Kanada

2014

Richard Johnson lebt und arbeitet als Architekturfotograf in Toronto. Er beschäftigt sich mit der „eigenwilligen und strukturierten" Individualität der Eisfischerhütten, die im Winter allerorts auf den zugefrorenen Seen Kanadas stehen. Dieses winzige Exemplar entdeckte er in Nova Scotia. Es ist kaum größer als ein Toilettenhäuschen und bietet hinter der Eingangstür und einem einfachen Fensterstreifen gerade einer Person Platz, um sich zu wärmen. Wenn der Besitzer der Hütte mit dem Fang nicht zufrieden ist, legt er sie einfach auf die Seite und zieht sie auf dem dazugehörigen Paar Skier in neue, hoffentlich fischreichere Gefilde.

Kufen +

Aluminium, Acrylglas, Seile, Skier

Ice Fishing Hut #180
Lake Simcoe, Ontario

Anonym

Kanada

–

Richard Johnson fotografierte diese kleine Hütte stellvertretend für ihren abwesenden Besitzer. Sie steht auf dem Lake Simcoe in Ontario und ist ein Sinnbild für den Geist des Unterwegsseins. Die Hütten der Eisangler blicken in Kanada auf eine lange Tradition zurück. Man kann in ihnen übernachten, um nicht täglich zum Angeln pendeln zu müssen. Dieses Modell steht auf einem eigenen Schlitten und kann so auch von einer Einzelperson leicht an eine andere Stelle transportiert werden. Die Hütte mit der einfachen Holzverkleidung bietet alles, was man zum Angeln bei Temperaturen bis zu -40 °C braucht: ein Dach, vier Wände und einen Fußboden mit einem Angelloch.

Gusseiserner Schlitten, Holz, Glas, Metallschrauben

Mensch

Ohne Räder

Ein & Zwei Räder

Drei Räder

Vier
Räder

Fünf +
Räder

Kufen +

Wasser

Waterwalk 1

Spatial Effects

Niederlande

2005

Der aufblasbare, orangefarbene Waterwalk 1 treibt auf dem Wasser wie ein schwimmender Zuckerwürfel. In dem transparenten Kubus des holländischen Kollektivs Spatial Effects, das sich auf die Herstellung imposanter aufblasbarer Gegenstände spezialisiert hat, können mehrere Personen gleichzeitig auf dem Wasser gehen. Der riesige Würfel besteht aus schwerem PVC, die Außenmembran ist luftgefüllt und umschließt einen Innenraum, den man durch einen luftdichten Reißverschluss betritt. Waterwalk 1 kann je nach Anlass modifiziert werden – so zeigt sich dieses Modell in leuchtendem Orange und ist damit ein Verweis auf die niederländische Nationalfarbe.

Wasser

PVC, Reißverschluss

Waterwalk 2

Spatial Effects

Niederlande

2003

Diese rollende, transparente Kunststoffhülle wurde zur Feier des 300-jährigen Bestehens von St. Petersburg in Auftrag gegeben. Auf der Newa sollten die Kugeln an die gemeinsame Schifffahrtstradition erinnern, die Holland und Russland im 18. Jahrhundert verband. Waterwalk 2 geht auf Experimente in den 1960er-Jahren zurück, bei denen Ballons zum Gehen auf dem Wasser genutzt wurden, diese Technik wurde mit starkem PVC weiterentwickelt. Die mit wasserdichten Reißverschlüssen versiegelten Bälle verleihen für einen gewissen Zeitraum Auftrieb. Von Wind und der eigenen Kraft vorangetrieben, bekommt man das Gefühl, auf dem Wasser zu wandeln.

PVC, Reißverschluss

Haus auf dem

Eilbekkanal

Rost Niderehe

Architekten

Deutschland

2009

Dieses Hausboot ist eines von zehn, die für den Eilbekkanal in Hamburg in Auftrag gegeben wurden. Als harmonische Ergänzung der Uferlandschaft vereint es den Komfort eines Einfamilienhauses mit dem Abenteuer, auf dem Wasser zu leben. Im Inneren des Bootes wiederholen sich die geschwungenen Linien der äußeren Holzverkleidung. Ein zentrales Treppenhaus verbindet den öffentlichen und den privaten Bereich: Oben befinden sich Küche, Ess- und Wohnzimmer, unten Schlafzimmer und Privaträume. Das Boot bildet zwar mit seinen Nachbarn am Kanal ein gelungenes Ensemble, es lässt sich aber auch an einen anderen Liegeplatz schleppen.

Wasser

Holz, Stahl, Gipskartonplatte, Glas

Arkiboat

Arkiboat
Australien
2003

Das Arkiboat entstand aus dem Auftrag, ein ansprechendes, leichtes und offenes Ferienhaus zu entwerfen. Der Architekt Drew Heath ließ sich dabei von der Gestalt japanischer Laternen inspirieren. Die schwimmende Unterkunft besteht vor allem aus Aluminium, um das Gewicht gering zu halten, und erhält seine Stabilität durch drei Innenwände und die Pfosten an jeder Ecke. Das schlichte Innere aus Holz orientiert sich wiederum an japanischen Vorbildern – die Sperrholzplatten und Verglasungen erinnern an *Shoji*-Schiebetüren. Die Holzveranda auf allen Seiten macht das Arkiboat seit über einem Jahrzehnt zu einem Ort unbeschwerter Sommerfrische.

Glasfaser, meerwasserbeständiges Aluminium,
polyurethanbeschichtetes Sperrholz, Edelstahl

Zendome

Zenvision

Deutschland

2007

Dieser Pavillon verbindet die Belastbarkeit geodätischer Kuppeln mit der Freiheit des Lebens auf dem Wasser zu einem schwimmenden Zeltplatz, der ideal für kurze Fluchten auf das nasse Element geeignet ist. Die Kuppel wurde ursprünglich für verschiedene Verwendungszwecke an Land entwickelt, lässt sich aber aufgrund ihres geringen Gewichts und ihrer Stabilität ebenso gut auf dem Wasser nutzen. Sie besteht aus einer PVC-beschichteten Polyestermembran mit durchsichtigen und opaken Dreiecken und wird von einem verzinkten Stahlgestell getragen. Dieses Zendome-Modell schwimmt auf einer Plattform aus Stahl und Holz.

Wasser

Edelstahl, PVC, Holz

A–Z Habitable Island

Andrea Zittel für das
Indianapolis Museum
of Art

USA

2009

Die A–Z Habitable Island schwimmt im Virginia B. Fairbanks Art and Nature Park und setzt Andrea Zittels Auseinandersetzung mit der Bedeutung des „persönlichen Raums" fort. Die Insel – ein Symbol der Autonomie, Unabhängigkeit, Isolation und Fantasie – wurde vom Indianapolis Museum of Art als Künstleratelier genutzt. Die Künstler durften die Insel nach Belieben verändern und umbauen. Sie besteht vor allem aus Holz, Glasfaser und Schaumstoff, ist nur mit dem Boot zu erreichen und bietet mit ihren sechs Metern Durchmesser nur Platz für das zum Leben unbedingt Notwendige. So wird die Frage beleuchtet, was für das menschliche Dasein existenziell ist.

Glasfaser, Schaumstoff, Holz

The Silver Fish

Flo Florian,
Sascha Akkermann

Deutschland

2009

The Silver Fish ist eine entspannte Alternative zu einem dicht gedrängten Leben an Land. Den Namen verdankt er seiner silbernen Fassade, die das Hausboot von den meisten anderen Exemplaren seiner Art abhebt. Die Verkleidung aus Aluminiumgranulatplatten reguliert jahreszeitliche Temperaturschwankungen und entspricht dem Wunsch nach einem klaren Umriss und dem Anliegen, ökologisch zu bauen. In der unteren Etage befinden sich Küche, Wohn- und Badezimmer, darüber liegt das Schlafzimmer und ganz oben ist eine Terrasse mit Kunstrasen angelegt. Die glänzend weißen Flächen und die bodentiefen Fenster lassen das Innere leicht und luftig wirken.

Wasser

Holzrahmen, Recycling-Lärchenholz, Aluminium, Glas, Gipskartonplatte, Zement, Kunstrasen

Quaypad

Gillard Associates,
WaterSpace
Großbritannien
2008

Das Quaypad macht das werktägliche Pendeln in die Stadt überflüssig, stattdessen holt man sich die Arbeit aufs Wasser, wo man sich bestens inspirieren lassen kann. Das Gehäuse ist industriell vorgefertigt, im Inneren befinden sich hinter einer großen Glasfläche ein Schreibtisch und eine Besprechungsecke. Im Heck führt eine Leiter zur oberen Etage, die sich zu einer offenen Fläche öffnet, die bei gutem Wetter zur Erholungspause einlädt. Hier ist auch eine Windturbine untergebracht, die Energie für das Hausboot liefert. Großbritannien hat zwar den Ruf, mit Regenwetter gesegnet zu sein, aber das schwimmende Büro eignete sich auch für sonnige Gefilde.

Glasverstärkter Kunststoff, gehärtete Doppelverglasung,
Edelstahl

Biennale Venedig	
Kroatischer Pavillon	
Republik Kroatien	
Kulturministerium	
Italien	
2010	

Der kroatische Pavillon für die venezianische Architekturbiennale im Jahr 2010 stammt von einem Team aus 14 Architekten. Das Gebäude wurde auf einem Frachtkahn errichtet und besteht aus mehr als 40 Lagen Bewehrungsstahl, mit dem normalerweise Beton verstärkt wird. Jede Lage wurde mit der darunterliegenden verschweißt, dann wurden unterschiedlich große Öffnungen hineingeschnitten. Trotz des Gewichts von fast 30 Tonnen wirkt das Gebilde luftig. Aus dem Inneren der rostigen Hülle kann man hinaussehen, von draußen verschwimmt der Blick ins Innere. Die Konstruktion wurde in einer kroatischen Werft gebaut und dann nach Venedig geschleppt.

Wasser

Bewehrungsstahl, Betonkahn

Antiroom II
Elena Chiavi,
Ahmad El Mad,
Matteo Goldoni
Malta
2015

Antiroom II ist das Ergebnis eines Workshops, den Elena Chiavi, Ahmad El Mad und Matteo Goldoni mit Architekturstudenten auf Malta durchgeführt haben. Die kreisrunde Konstruktion ist eine künstliche Insel, die nur schwimmend oder mit dem Boot zu erreichen ist. Sie besteht aus 28 mit Gazeschleiern behangenen Holzsegmenten, die im Wind mühelos zu „atmen“ scheinen. Antiroom II schwimmt als eine Art urzeitliche *Stoa*, als klassischer Portikus, sanft auf den Gewässern vor Valletta, dient in diesem Fall aber als Bühne für Vergnügen aller Art und grenzt einen kleinen Pool im Inneren gegen die umgebende Weite des Meeres ab.

Holzplatten, Gazevorhänge

Free Floating
Marijn Beije Design
Niederlande
2012

Dieses Modell einer Öko-Campingunterkunft soll ein junges niederländisches Publikum ansprechen, was dem Gefährt mit Doppelrumpf sicher gelingt. Das Hausboot besteht aus Holz aus nachhaltigen Quellen und bietet ein Schlafzimmer, ein Badezimmer, eine Dachterrasse – und ein hohes Krähennest, ideal, um sich der Ornithologie zu widmen. In einer der beiden mit einer Glasfront versehenen Kabinen befinden sich Schlafplätze für vier Erwachsene, Solarpaneele versorgen die LED-Beleuchtung mit Energie. Tagsüber ist Free Floating ein schöner Ort, um sich zu sonnen und zu entspannen, nachts schaukelt es die Bewohner sanft in den Schlaf.

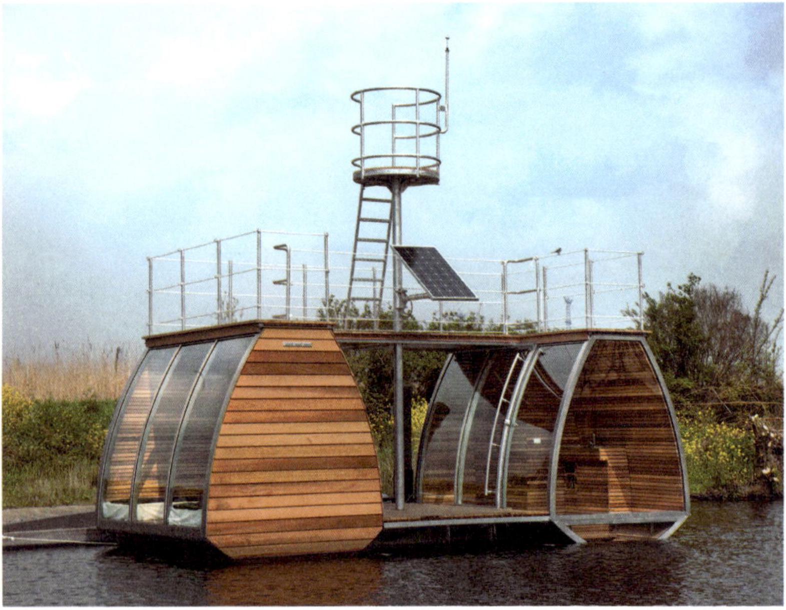

Holz, Aluminium, Glas, Stahl, Solarpaneele

Creatura

Federico Forestiero,
Mark David Torrens
USA
2014

Creatura ist im Rahmen eines amerikanischen Sommercamps für Jugendliche entstanden. Die schwimmende Konstruktion steht auf einer Holzplattform, das Gerüst aus Holz und Matall ist mit unterschiedlichen Geweben gefüllt und bespannt. Die Camper müssen einiges an Energie aufbringen, um das Wasserrad und damit das Tretboot in Bewegung zu setzen, während der Käpitän im Ausguck den Kurs auf dem See in New Hampshire bestimmt, für den es gebaut wurde. Das Boot bezeugt die grundlegenden Ziele des Sommercamps: Fähigkeiten entwickeln, zur Zusammenarbeit animieren, Verantwortungsgefühl fördern und Mentorenverhältnisse aufbauen.

Holz, Metall, Recycling-Kunststoff

Flood House

Matthew Butcher

Großbritannien

2016

In der häufig überfluteten Gezeitenmündung der Themse findet man diese Wetterstation, die nicht nur die Auswirkungen des stetig steigenden Wasserpegels festhält, sondern auch einen Kommentar zum Verhältnis von Gebäuden zu ihrer Umgebung darstellt. Die Schwimminsel kann bei Flut verlegt werden und so unterschiedliche örtliche und jahreszeitliche Bedingungen festhalten. Die Messergebnisse werfen ein Schlaglicht auf den Klimawandel und den steigenden Meeresspiegel. Bei Ebbe liegt Flood House auf dem Schlick und regt so zum Nachdenken über die Möglichkeiten statischer Bauwerke angesichts sich verändernder Küstenverläufe an.

Wasser

Stahlponton, Holzverkleidung, Gipskartonplatte

Wa-Sauna

goCstudio

USA

2015

Die Wa-Sauna schwimmt auf dem Lake Union in Seattle und lädt nach einem Bad im See zum Aufwärmen ein. Der von der skandinavischen Saunakultur angeregte Entwurf wurde durch eine Kickstarter-Kampagne finanziert und mit der Hilfe von Freiwilligen entwickelt und gebaut. Der schwarze Klotz steht auf einem Aluminiumrahmen mit eingelegtem wasserfestem Sperrholz, innen ist er mit hellem Rotzederholz verkleidet. Wie ihre nordischen Pendants ist diese Sauna als Ort der sozialen Begegnung gedacht und wurde durch den Wunsch der Architekten inspiriert, dass die Wasserwege der Umgebung zu allen Jahreszeiten belebt sein sollen.

Aluminiumrahmen, meerwasserfestes Sperrholz,
Rotzeder, Fichte, Kunststofffässer, Ofen

Floating Platform

N55

Dänemark

2000

Die Floating Platform ist ein Projekt des dänischen Kollektivs N55 und wird mit einer Anleitung geliefert, damit jeder den Aufbau durchführen kann. Das leichte Gebilde steht auf einem dreieckigen Ponton, der für genügend Auftrieb sorgt, um es zu tragen. Die charakteristisch facettierte Außenhaut besteht aus einem Stahlrahmen mit zahlreichen kleinen Aluminiumdreiecken, der sich auf einem Sperrholzdeck befindet und von Schwimmkörpern aus Polyethylen getragen wird. Dieses in Rahmenstrukturbauweise erstellte Gebäude folgt wie alle anderen schwimmenden N55-Konstruktionen den grundlegenden Prinzipien der preiswerten modularen Herstellung.

Wasser

Birkensperrholz, Polyethylentanks,
Aluminium, Edelstahl

Floating Sauna

Rintala Eggertsson
Architects

Norwegen

2002

Diese Sauna steht in der Tradition ihrer finnischen und norwegischen Vorbilder und versetzt sie aufs Wasser. Die kleine Holzkonstruktion schwimmt in einem Fjord und ist nur mit dem Boot zu erreicht. Dort kann man dann Geist und Seele entschlacken und den Anblick der Landschaft genießen. Die Sauna steht auf einer Holzplattform, das Innere ist mit drei Holzbänken und einem Ofen spartanisch ausgestattet. Die durchsichtigen Wände halten die Hitze drinnen, erlauben aber Blicke nach draußen. Abkühlung kann man sich verschaffen, indem man einfach durch einen Ausschnitt im Boden der Sauna ins kalte Meerwasser taucht.

Holz, Kunststoffplatten, Kunststofffässer, Eisenofen

Seattle Floating Home
Ninebark Studios
USA
2013

Das großzügige Seattle Floating Home setzt neue Maßstäbe für das Leben auf dem Wasser. Es wurde nach höchstmöglichen ökologischen Grundsätzen geplant: Die Außenverkleidung besteht zum Teil aus Rotzeder, die recycelt und in der Umgebung zugeschnitten wurde. Als Schwimmplattform dient wiederverwendetes Stammholz aus dem 19. Jahrhundert. Der hohe, helle Innenraum schließt ein Atrium ein, das als Ess- und Wohnzimmer dient und von einer abgewinkelten Stahlwand eingerahmt wird, die sich als Dach bis zur Dachterrasse fortsetzt. An der anderen Seite liegt ein flacher privaterer Trakt mit Schlafzimmer, Büro und Badezimmer.

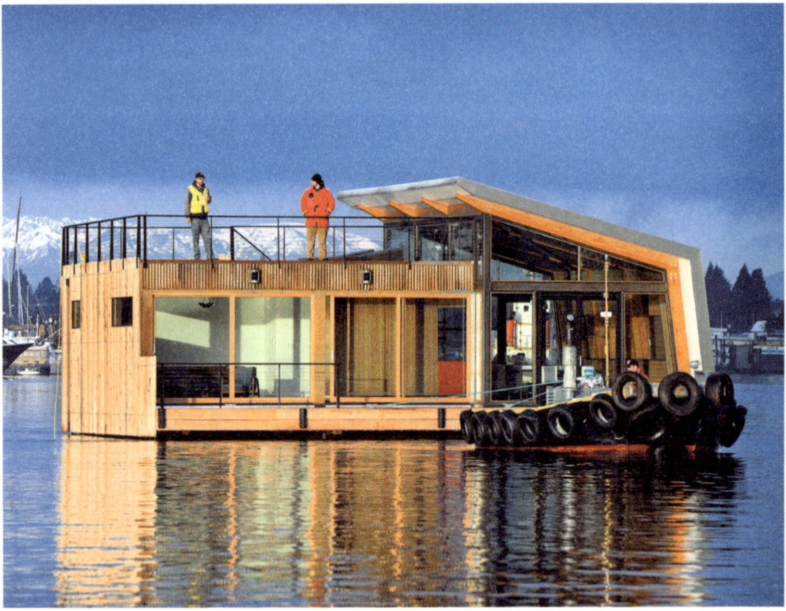

Stahlrahmen, Cor-Ten-Stahl, Glas, Rotzeder

DublDom 1.26

DublDom

Russland

2015

Dieses Hausboot gehört zum russischen Paluba Park Hotel und schwimmt auf dem Fluss Schabnja. Es bietet Platz für Gruppen von bis zu sechs Personen, die sich direkt am Flussufer entspannen möchten. Die dunkle Außenhaut aus Stahl kontrastiert mit den warmen Naturtönen des unbehandelten Holzes im Inneren. Von der großzügigen Terrasse her, die man über einen Holzpier erreicht, erschließt sich der schlichte Innenraum mit Schlafplätzen für vier Erwachsene, einer Koch- und Esszone und einem Klappbett für Kinder. Die einfache Ausstattung passt zu einem Campingurlaub und macht das Boot zu einer charmanten Alternative zum Hotelurlaub.

Holzrahmen, Holzpaneele, Stahlwellblech, Glas

Shelters

Joseph Griffiths

Australien

2012

Joseph Griffiths wurde für das Melbourner New-Wave-Kunstfestival mit einer Serie von drei unkonventionellen Gebäuden beauftragt. Eines davon ist Shelters, das aus Resten von Baustellenmaterial errichtet wurde und als Unterkunft auf dem Wasser dienen soll. Die Außenseite ist eine Collage unterschiedlicher Texturen, die an ein Floß aus Treibgut erinnert. Die archetypischen Stücke wie Fischernetze, Warnleuchten und Bojen machen Shelters zu einem reizvoll zusammengewürfelten Fantasiegebilde. Griffiths selbst nennt es „eine Art romantische Initiative", was der urzeitlichen Anmutung und dem anarchischen Flair seiner Schöpfung durchaus entspricht.

Wasser

Gummi, Holz, Karton, Fischernetze

Inusara

AODH Design

Irland

2016

Diese schwimmende Kapsel besteht aus Materialien, die aus baufälligen Gebäuden gerettet wurden. Eoghan O'Broin lässt damit der Faszination freien Lauf, die stillgelegte Baustellen schon lange auf ihn ausüben. Inusara ist absichtlich klein, um die Isolation dieser vergessenen Orte wiederzugeben. Die Fassade besteht vor allem aus Holz und ist auf einem Holzponton befestigt. Durchbrochen wird die Decke von einem Oberlicht und eine Außenwand von einem überdimensionierten Bullauge aus Acrylglas. Auftrieb erhält das Ganze durch strahlend blaue Kunststoffcontainer. Auf dem Wasser bietet Inusara Ruhe und Stille, beim Transport über Land erregt sie Aufmerksamkeit.

Holz, Acrylglas, Polyethylenschwimmkörper

Watervilla Omval

+31 Architects

Niederlande

2010

Diese elegante schwimmende Villa ist auf der Amstel beheimatet und einer von mehreren Entwürfen, mit denen das Büro +31 Architects das Beste aus dem Umstand macht, dass in den Niederlanden das Wasser nie fern ist. Das Hausboot zeichnet sich durch moderne Ästhetik und einen offenen Grundriss aus. In Höhe des Wasserspiegels befindet sich der große Ess- und Wohnbereich, unterhalb des Wassers liegen ein kleineres Schlafzimmer, das Arbeitszimmer und das Bad. Das Hauptschlafzimmer befindet sich in einer Zwischenebene, die von dem breiten Treppenhaus abgeht, dessen große Glasflächen Licht in die unteren Räume lassen. Die Terrassen schaffen Zugang zur Natur.

Wasser

Aluminium, Beton, Glas, Gipskartonplatte, Holz

Sealander ist weder Boot noch Wohnwagen, sondern ein neuartige technische Entwicklung, in der das Vergnügen auf dem Wasser mit dem leichten Transport auf der Straße eine gelungene Kombination eingegangen ist. Der Unterbau aus Glasfaserlaminat hat Räder, um ihn als Anhänger ziehen zu können, für die Wasserdichtigkeit sorgt ein verzinktes Chassis. Darin untergebracht ist alles, was man für komfortables Camping benötigt: ein Kocher, ein Klappbett und Klappsitze. Optional sind auch eine Dusche und eine Toilette erhältlich. Die geringe Größe, das niedrige Gewicht und die integrierten Räder machen den Stapellauf des Sealanders zu einem Kinderspiel.

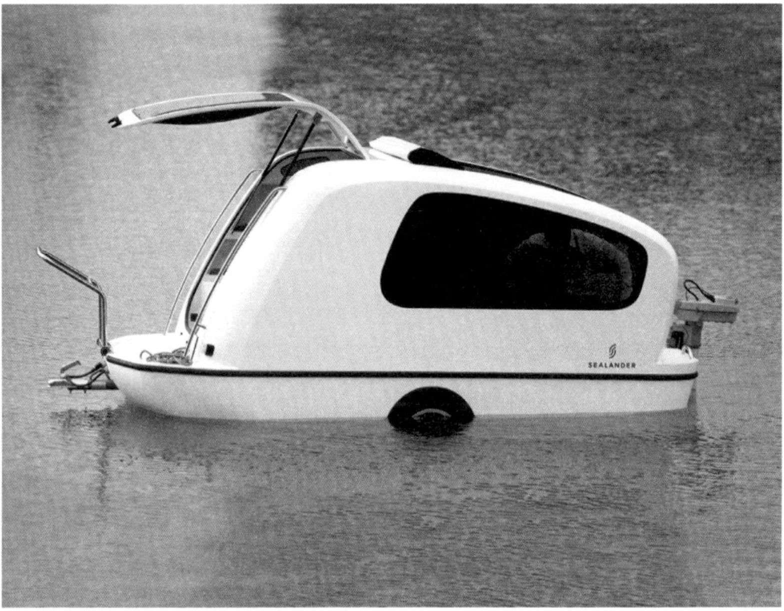

Verstärkte Glasfaser, Acrylglasplatten, Edelstahl, Räder

Inachus Floating Home

Sanitov Studio

Großbritannien

2012

Angesichts des Mangels an Baugrundstücken in London ließ sich das Inachus Floating Home auf der Themse nieder. Zuerst an den St. Katharine Docks vertäut, ist es ein Vorbild für neue Wohnviertel in der übervölkerten Metropole. Das zweistöckige Gebäude ist ein elegantes, modernes Zuhause, das in der oberen Etage Wohnräume bietet, während die Schlaf- und das Badezimmer näher am Wasser untergebracht sind. Das Hausboot ist nicht nur luxuriös, sondern entspricht auch ökologischen Grundsätzen: Es ist mit Solarpaneelen, einem begrünten Dach und Dreifachverglasung ausgestattet. Im Inneren sorgt sogar eine begrünte Wand für bessere Luftqualität.

Wasser

Beton, Holz, Glas

Das neue Hausbootrevier am Eilbekkanal in der Mitte Hamburgs war
das Ergebnis eines stadtweiten Wettbewerbs, mit dem die Wasserwege der Hansestadt wiederbelebt werden sollten. One of One war
einer der zehn erfolgreichen Entwürfe und zeichnet sich durch die
auffällige Metallverkleidung aus. Der Grundriss des Wohnbootes
ist offen und flexibel gestaltet, die Räume sind auf zwei Stockwerke verteilt und bieten genug Platz, um unterschiedlichen Zwecken
dienen zu können – als Luxuswohnung, als Büro oder als Nachtklub.
Der untere Bereich ist teilweise durch eine Eichentreppe abgetrennt,
oben befinden sich Wohnzimmer, Küche und Bad.

Stahl, Holz, Aluminiumplatten, Eichenholz, Glas

Freischwimmer

Tun Architektur

Deutschland

2009

Im Freischwimmer trifft urbanes Stilempfinden auf Wohnkomfort. Das Hausboot liegt in einer Experimentierzone für bewohnte Wasserwege in Hamburg und ermöglicht in lichterfüllten Räumen ein Leben in und mit der Natur. In der unteren, mit Lärchenholz verkleideten Etage finden sich Schlafzimmer und Bad, darüber liegen hinter einer Fassade aus Cor-Ten-Stahl Esszimmer, Küche und eine Dachterrasse. Das Oberteil des Bootes kann mit einem Kran abgehoben werden, um das Passieren von Brücken zu ermöglichen. Der Entwurf ist vom gleichen Innovationsgeist beseelt wie die anderen Pilotprojekte, mit denen in der Stadt die Wasserflächen bewohnbar gemacht werden.

Wasser

Beton, Holzrahmen, Cor-Ten-Stahl, Lärche, Glas

Hausboot auf dem Eilbekkanal

Sprenger von der Lippe

Deutschland

2010

Wie seine Nachbarn leistet dieses Hausboot auf dem Eilbekkanal einen großen Beitrag zur Revitalisierung der Hamburger Wasserwege. Die ansehnliche Bereicherung des innerstädtischen Kanals besteht aus zwei Etagen – oben sind Küche und Essbereich, darunter Wohn- und Schlafzimmer sowie ein Bad. Die Nutzfläche wird durch große Holzterrassen ergänzt, und durch die bodentiefen Fensterflächen kann das Leben auf dem Kanal beobachtet werden. Die Cor-Ten-Flächen der Außenhülle stehen im lebhaften Kontrast zur ruhigen Lage in einem Wohnviertel und erinnern in ihrer robusten Modernität eher an maritime Konstruktionen als an ein Wohnhaus.

Stahlrahmen, Holz, Cor-Ten-Stahl, Glas

**Kaluga Floating
Sauna**
Rintala Eggertsson
Architects
Tschechische
Republik
2008

Die schwimmende Sauna ist Teil des Festival of Landscape Objects in Russia und gehört zu einem Ensemble provisorischer Gebäude, in denen kleine Gruppen für kurze Zeiträume unterkommen können. Sie sind als Vorschläge gedacht, wie man auf eine andere, schonendere Weise mit der Natur leben könnte. Aus dem skandinavischen Kulturkreis stammt die Anregung zum gemeinschaftlichen Baden, und die Sauna dient dem Aufwärmen nach einem kurzen Schwimmgang im kalten Wasser der Ugra. Die fünf Pavillons stehen auf kleinen Pontons am Ufer. Die Sauna ist an der auf dem Dach wachsenden Kiefer zu erkennen – und aus Kiefernholz erbaut worden.

Wasser

Kiefernholz, Kunststoff, Glas, Ofen

Jellyfish Barge

PNAT

Italien

2014

Die Jellyfish Barge ist ein Gewächshaus auf dem Wasser, das sich dem Trend zur intensiven Agrarindustrie an Land widersetzt. PNAT hat als Alternative eine autarke Konstruktion entworfen, die sich für Landwirtschaft in kleinem Maßstab eignet. Das Gewächshaus steht auf einem Gerüst aus Holz und wiederverwendeten Kunststofffässern. Es verfügt über solarbetriebene Wasseraufbereitungseinheiten, sodass Nutzpflanzen in hydroponischen Systemen angebaut werden können. Die Nutzung von Wasser und Sonnenlicht ist eine nachhaltige Umsetzung des Ziels, die Natur als Vorbild und als „Mitarbeiterin" bei der Produktion von Lebensmitteln einzusetzen.

Kunststofffässer, Glas, Holz

Viewpoint
AOR
Großbritannien
2014

Neben einem Naturschutzgebiet inmitten des geschäftigen Londoner Stadtteils King's Cross schwimmt dieser Unterstand, von dem aus man die Tierwelt auf und am Regent's Canal beobachten kann. Der Entwurf basiert auf traditionellen finnischen Jagd- und Angelhütten, ist aber streng geometrisch aufgebaut. Die Kombination aus Cor-Ten-Stahl mit der Holzinnenverkleidung passt sowohl in die ehemals industrielle Umgebung als auch zu den auf dem Kanal vorbeiziehenden Booten. Die schwimmende Schutzhütte gehört zum Grüngürtel entlang der Londoner Gewässer und ist ein willkommener Ruhepol im Großstadtleben.

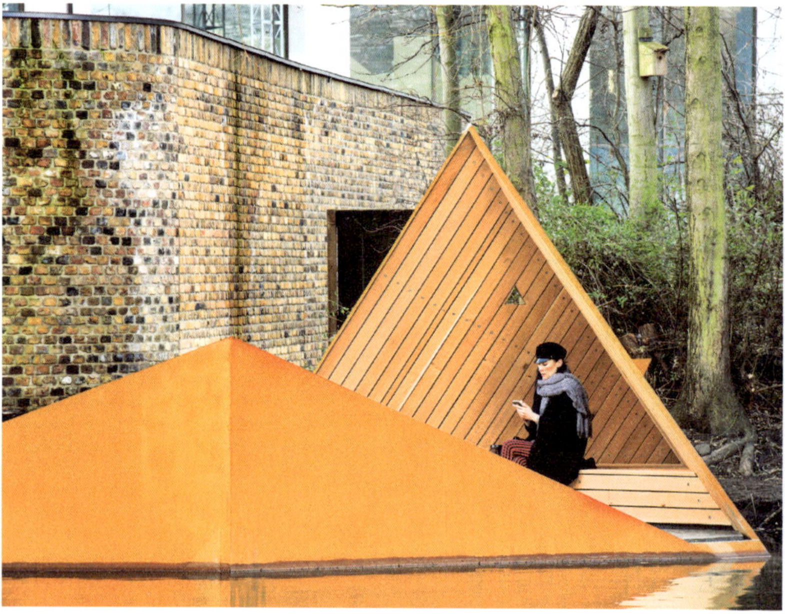

Cor-Ten-Stahl, Holz

Twin Blade

NIO Architects

Niederlande

2010

Twin Blade ist eine schwimmende Idylle, die ihren Bewohnern ein perfektes Stück Leben bietet. Das asymmetrische Gebäude besteht aus verschiedenen Zonen, die den unterschiedlichen Persönlichkeiten der Besitzer entgegenkommen. Unterhalb der Bodenplatte liegt der „Tonkeller" zum Komponieren und Musizieren, oben befindet sich ein Atelier, in dem die Bildende Kunst ein Zuhause hat. Von der verbindenden Treppe zwischen den beiden kreativen Zonen geht es in das Schlafzimmer, das Wohnzimmer und die Küche. Das Gebäude ist in massive Stahlplatten gekleidet, die durch ausgedehnte Glasflächen unterbrochen sind, um das Innere mit der Umgebung zu verbinden.

Beton, Holz, Stahl, Glas

The Wilcraft

Wilcraft Outdoors

USA

2006

The Wilcraft ist ein Fahrzeug für Abenteurer, die auf dem Wasser, auf dem Eis und zu Lande unterwegs sein wollen. Es dient vor allem als Stützpunkt beim Eisfischen, ist aber mit einem wasserdichten Aluminiumrumpf, einziehbaren Rädern und verschließbaren Angelrutenöffnungen an den Seiten auch schwimmfähig. Zwei Personen können in ihm wie in einem Schlitten oder einem Allradfahrzeug mühelos auch entlegene Angelstellen erreichen. Der Unterbau des Gefährts ist thermisch isoliert, um vor Kälte zu schützen, und verleiht zusätzlichen Auftrieb. Im Sommer entledigt sich The Wilcraft der schützenden Hülle und wird zu einem effizienten Jagdfahrzeug.

Wasser

Aluminium, Isolierung, Schwimmreifen

Water Bed

Daniel Durnin

Großbritannien

2015

Das Water Bed ist eine Antwort auf den Mangel an bezahlbaren zeitweiligen Unterkünften in London. Die experimentelle Konstruktion ist im Wesentlichen eine Kombination aus Boot und Fahrrad, die als kleines Heim auf dem Wasser dienen kann und so die vielen Kanäle und Wasserwege der britischen Hauptstadt als kurzzeitige Campingplätze nutzbar macht. Die bescheidene Unterkunft für eine Person baut auf einem Bootsrumpf auf, Seiten-, Heck- und Bugwände aus Segeltuch und Glas lassen sich öffnen, um am Leben in der Umgebung teilzuhaben. Die Schleppöse am Bug und die Räder am Heck lassen leichte Ortswechsel durch Ziehen oder Treibenlassen zu.

Holz, Fahrradreifen, Sperrholz, Segeltuch, Acrylglas

Water Chalet

Waterstudio

Niederlande

2008

Dieses Hausboot gehört zu 15 kleinen Wohnhäusern, die für das Örtchen Jisp in den Niederlanden entworfen wurden und sich durch Komfort und gute Raumnutzung auszeichnen. In jedem der Chalets gibt es eine Wohn- und Esszone mit Küche sowie ein Bad und ein Schlafzimmer für zwei Personen. Im oberen Teil des keilförmigen Gebäudes befindet sich eine kleine Galerie für Kinder oder Gäste, und die großzügigen Fenster sorgen für einen hellen Innenraum. Die Holzverkleidung macht das Hausboot leichtgewichtig, damit es mit einem Schlepper an den Liegeplatz gezogen werden kann, und nimmt mit der Zeit eine natürliche Patina an.

Wasser

Beton, Holzrahmen, Aluminium, Glas

Cotswolds House
Eco Floating Homes
Großbritannien
2013

Dieses schwimmende Haus auf einem See in den englischen Cotswolds ist als Gästehaus gedacht, in dem Angehörige und Freunde der Familie entspannte Tage auf dem Wasser verbringen können. Das zwei Schlafzimmer aufweisende Hausboot ist von einer breiten Holzveranda umgeben, die im Sommer zum Sitzen einlädt – im Winter kann man es sich drinnen an einem Holzofen bequem machen. Wie bei allen Eco Floating Homes wurde Wert auf Nachhaltigkeit bei der Herstellung und bei den Baumaterialien gelegt. Jedes Modell wird nach den Wünschen der Auftraggeber gestaltet: In diesem Fall gehörten rustikales Recycling-Holz und Fliesen im Inneren dazu.

Holz, Stahl, Gipskartonplatte, Glas

D-Type

Floating Homes

Deutschland

2012

Die Hausboote der Floating-Homes-Reihe vereinen die Annehmlichkeiten eines modernen Wohnhauses mit der Naturverbundenheit des Lebens auf dem Wasser. Das Gebäude schwimmt auf einem Ponton aus Stahlbeton, die Innenausstattung wird nach Wunsch des Auftraggebers gestaltet. Der hier gezeigte D-Type ist die größte Version und verfügt über eine Dachterrasse aus Holz. Die raumhohen Fenster lassen Tageslicht ins Innere und bieten Ausblicke auf das Wasser. Die Anordnung der Räume um das zentral gelegene Badezimmer ist variabel. Mit Platz für vier Personen ist das Hausboot als Stadthaus oder als Ferienhaus auf dem Land einsetzbar.

Wasser

Beton, Holz, Glas, Aluminium

The Floating House

Jean-Marie Finot,
Denis Daversin,
Ronan und Erwan
Bouroullec
Frankreich
2006

The Floating House dient als Unterkunft für den Artist in Residence am Centre National Edition Art et Images (CNEAI) in der französischen Stadt Chatou. Die flache Silhouette erinnert an traditionelle Lastkähne der Binnenschifffahrt, und die eingeschränkte Materialpalette spiegelt das geringe Projektbudget wider. Das Boot besteht aus einem Aluminiumrahmen mit Aluminiumplatten und außen liegenden Holzrippen und hält am Heck und am Bug Außensitzplätze bereit. Im Inneren fördern schlichte Holzoberflächen und große, zum Ausblick auf die malerische Umgebung einladende Fensterflächen die Kreativität der zeitweiligen Bewohner.

Aluminium, Holz, Glas

The Floating Cinema

Duggan Morris
Architects und
UP Projects
Großbritannien
2013

Im Floating Cinema wird Kino- und anderen Veranstaltungen Raum geboten, um die Wasserwege Londons zu beleben. Der preisgekrönte Entwurf von Duggan Morris geht auf klassische schmale Flusskähne zurück und wurde in der historischen Werft Turks Shipyard in Kent gebaut. Diese maßgeschneiderte Variante des Binnenschiffs hat einen teiltransparenten Aufbau und eine Kinoleinwand. Die glühenden Rauten kündigen das Wanderkino wie ein Leuchtfeuer an. Im Sommer sorgt die schwimmende Kulturstätte mit ihrer Verbindung von Leinwandmagie und Gemeinschaftssinn für Unterhaltung auf den Kanälen von East London.

Wasser

Stahl, Holz, Acrylglas

SeaSauna

Scheiwiller Svensson

Arkitektkontor

Schweden

2006

Die SeaSauna nimmt die schwedischen Traditionen des Eisschwimmens und des Saunabadens auf, geht aber einen Schritt weiter. Statt die Sauna am Ufer eines Sees oder Flusses zu errichten, wird sie hier auf das Wasser gebracht. Die einfache Konstruktion schwimmt auf einem Ponton und ist in eine Vollholzhülle gekleidet, die Ausblicke in die inspirierende Umgebung freigibt. Das schwarz gebeizte Äußere setzt sich deutlich von der Umgebung und von der unbehandelten, in warmen Tönen gehaltenen Holzinnenverkleidung ab. Das Grundmodell ist – jeweils mit Saunabänken und -ofen – in drei Varianten (für fünf, zehn oder fünfzehn Personen) lieferbar.

Beton, Holz, Glas

Seattle Floating
Home
Vandeventer +
Carlander Architects
USA
2011

Hausboote sind in Seattle sehr beliebt. Dieses luxuriöse Exemplar schwimmt auf dem Lake Union. Der Auftraggeber wünschte sich ein „auf dem Kopf stehendes" Haus, bei dem also die Schlafzimmer unten und die Wohnräume oben liegen. Diese ungewöhnliche Anordnung sorgt für Licht und Aussichten im oberen Bereich, dessen offener Grundriss zum Gefühl der Großzügigkeit beiträgt. Bug und Heck verfügen über Terrassen, die obere Etage liegt hinter einem Gitter aus schmalen Holzleisten. Die beiden Schlafzimmer unten sind von Einblicken abgeschirmt, und der verglaste Eingangsbereich ist ebenfalls blickdicht gestaltet, ohne es an Helligkeit mangeln zu lassen.

Wasser

Beton, Glas, Teak, Keramikplatten, Terrazzo

San Francisco
Floating House
Robert Nebolon
USA
2013

Dieses Domizil ist das gelungene Resultat von Robert Nebolons erster Auseinandersetzung mit schwimmenden Wohnobjekten und einer radikalen Lebensstilveränderung seiner Besitzer: Das Hausboot in San Franciscos zu neuem Leben erweckten Stadtteil Mission Creek bot ihnen trotz zu hoher Grundstückspreise die machbare Alternative, an Wohneigentum zu kommen. Die Pultdächer des Obergeschosses lassen Licht in die hohen Ess- und Wohnzimmer. Darunter befinden sich die Schlaf- und Nebenräume, im Keller gibt es ein weiteres Schlafzimmer sowie Hobbyräume. Die verbindenden Treppen sind im Orange der Golden Gate Bridge gehalten.

Beton, Stahl, Glas, Holz

Floating Beach Hut

„Ted"

William Hardie

Großbritannien

2015

Dieses charmante schwimmende Häuschen ist eine typisch britische Strandhütte, die umfunktioniert wurde. Das klassische Giebeldach und die bunte Holzverkleidung sind leichtgewichtig genug, um über Wasser zu bleiben. Die Hütte steht auf einem Holzdeck, dem leere Ölfässer Auftrieb verleihen, und hält Platz für vier Erwachsene zum Kochen, Essen und Schlafen bereit. Im Inneren befinden sich eine erhöhte Schlafetage und zwei weitere Schlafstellen auf Klappbetten beiderseits des Zimmers. Die farbenfrohen Paneele über dem Holzrahmen werden von winzigen Bullaugen und nach vorne von einer großzügigen Fensterfront durchbrochen.

Wasser

Holz, Kunststoff, Glas, Seil, Gipskartonplatte

Paddling Home
Kacey Wong
Hongkong
2009

Das winzige Paddling Home war ein Beitrag zur Biennale of Urbanism and Architecture in Hongkong und Shenzhen. Kacey Wong festigte damit seinen Ruf als ironischer Kulturkritiker: Die schwimmende Konstruktion ist eine Miniaturinterpretation der in Hongkong allgegenwärtigen Appartementhochhäuser, hat eine Verkleidung aus Kacheln, ein Erkerfenster, eine Klimaanlage und eine Schutztür aus Edelstahl – alles typische Insignien des Wohnens in Hongkong – und ruht auf einer rudimentären Plattform aus Holz und Fässern. Paddling Home treibt in der Mitte von Victoria Harbour und erinnert an die unzähligen winzigen Wohnungen, die in der Stadt für Unsummen gehandelt werden.

Kacheln, Abwasserrohre, Edelstahl, Kunststofffässer,
Glas, Gummireifen, Kunstrasen

MetroShip

MetroPrefab

USA

–

Das MetroShip veranschaulicht alle Vorzüge des Lebens auf dem Wasser, das den Vorteil bietet, kein Grundstück kaufen zu müssen. Das schwimmende Haus entstand aus dem Wunsch nach einer Alternative zu den beengten Wohnverhältnissen des Designers und entwickelte sich langsam zu einem luftigen, flexiblen Hausboot. Es baut auf einem Katamaranrumpf aus Glasfaser auf, der Oberbau ist weitgehend von halb transparenten, wärmedämmenden Einsätzen aus Recycling–Glas zwischen Aluminiumrahmen eingeschlossen, die an japanische *Shoji* erinnern. Der Stauraum im Rumpf und die Einbauküche vervollständigen das perfekte Heim auf dem Wasser.

Wasser

Glasfaser, Aluminium, Wärmedämmplatten, Stahl, Glas, Holz

SayBoat

Milan Řídký

Tschechische
Republik

2012

Dieses elegante Hausboot bringt Luxus und Mobilität auf einen Nenner. SayBoat steht auf einem Stahlponton und ist eine Unterkunft für alle Jahreszeiten. Der Großteil des Gebäudes wird von einem langen, kombinierten Koch-, Ess- und Wohnraum eingenommen, der mit Buchenholz- und Edelstahlflächen ausgestattet ist. Darüber öffnet sich das große Schlaf- und Arbeitszimmer auf die Dachterrasse mit Whirlpool. Die Außenhaut ist mit Holz verkleidet und weist abgerundete Ecken auf, die eine weichere Formgebung bewirken. Gitterschirme aus dünnen Holzlatten sorgen für Schatten und Privatsphäre, und die Edelstahlgeländer widerstehen Wind und Wetter.

Holz, Stahl, Glas, Edelstahl

The Manta
Underwater Room
Mikael Genberg
Tansania
2013

In dieser Glasbodeninsel kann man sich an der Magie der Unterwasserwelt erfreuen, ohne die Strapazen des Tauchens mit Pressluftflaschen und Neoprenanzügen auf sich nehmen zu müssen. Die Holzkonstruktion gehört zum Manta Resort auf Pemba Island im Indischen Ozean vor Tansania und schwimmt über dem Manta Reef. Auf den drei Etagen der Luxussuite verteilt liegen ein Bootsanlegedeck mit Lounge und Badezimmer, eine Sonnenterrasse und ein Schlafzimmer unter dem Wasserspiegel, aus dem sich durch die auf allen Seiten angebrachten Fenster Korallen, Fische und andere vorbeischwimmende Meerestiere beobachten lassen.

Wasser

Holz, Stahl, Glas

Archipelago Cinema

Buro Ole Scheeren
und Film on the Rocks
Yao Noi Foundation

Thailand

2012

Als ob ein Strandurlaub in Thailand nicht schon idyllisch genug wäre, sorgt dieses Projekt auch noch für Kino-Unterhaltung auf den klaren Gewässern vor der Insel Yao Noi. Dort schwimmen in einer geschützten Lagune Flöße mit Sitzgelegenheiten vor einer riesigen Leinwand. Bei der Erstellung der einfachen Holzplattformen kam die Technik zur Anwendung, die für die Anfertigung schwimmender Hummerfarmen in der Umgebung eingesetzt wird. Die acht Module entstanden aus Recycling-Material und bieten Platz für 80 Personen. Das Projekt sorgt auch für die Bewohner von Yao Noi: Teile der Konstruktion wurden für einen schwimmenden Spielplatz gespendet.

Holz, Gummigurte, Schaumstoffblöcke

Floatwing

Friday

Portugal

2015

Floatwing ist ein nachhaltig konzeptioniertes Hausboot, das von einer Gruppe an der Universität von Coimbra entworfen wurde. Der modulare Aufbau erlaubt Längen von zehn bis achtzehn Metern. Alle Modelle können individuell gestaltet werden, weisen aber stets Glasschiebetüren zur Veranda, ein kleines Badezimmer und eine Küche auf. Die integrierten Solarpaneele und einige Optionen – wie ein Pelletofen und Tanks für Frisch- und Abwasser – ermöglichen eine einwöchige Autarkie. Aufgrund des gut durchdachten Entwurfs lässt sich das Hausboot auch international verschicken: Es passt in zwei Standardschiffscontainer.

Wasser

Glasfaser, Stahl, Isolierglas, Kiefernholz, Solarpaneele

Drijf in Lelystad

Attika Architekten

Niederlande

2012

Das Architekturbüro Attika Architekten erhielt den Auftrag, acht Hausboote für acht Familien in der niederländischen Provinz Lelystad zu entwerfen. Die Häuser unterscheiden sich aufgrund der Bedürfnisse und Wünsche der Auftraggeber stark in Größe, Form und Farben. Das vorherrschende Weiß und die Grautöne werden durch individuelle Muster belebt. Gemeinsam sind allen Hausbooten die Breite (um auch schmale Schleusen passieren zu können) sowie die großen Terrassen, offenen Grundrisse und großzügigen Fenster-öffnungen, die im Zusammenspiel innen für ein üppiges Raumgefühl sorgen und den leichten Zugang zum Wasser ermöglichen.

Beton, Holz, Metallplatten, Glas

MFS II
NLÉ
Italien
2016

Diese zweite Auflage einer schwimmenden Schule, die ursprünglich für die Makoko-Lagune im nigerianischen Lagos entworfen wurde, gehörte zur Ausstellung Waterfront Atlas der Architekturbiennale 2016 in Venedig. Die Holzkonstruktion in A-Form wird von großen, blauen Kunststofffässern getragen. Auf drei Stockwerken sind Klassenzimmer, ein Spielplatz und eine Freifläche untergebracht. Energie wird fotovoltaisch erzeugt, und die Abwässer werden gesammelt, sodass das Gebäude teilautark ist. Die einfache schwimmende Form ist eine alternative Antwort auf die Herausforderungen des Klimawandels und eine Lösung für die benötigte Bildungsinfrastruktur.

Wasser

Holz, Plane, Kunststofffässer

Walden Raft

Elise Morin,
Florent Albinet

Frankreich

2015

Der Name Walden Raft verweist auf Henry David Thoreaus Schrift aus dem 19. Jahrhundert über das Leben im Wald – diese schwimmende Hütte in Frankreich ist vom gleichen ökologischen Ansatz geprägt. Die Proportionen des Gebäudes auf einem friedlichen See in der Auvergne entsprechen denen von Thoreaus Hütte. Das Innere wird von Acrylglasplatten geschützt. Es steht auf einer Plattform aus Kiefernbrettern, von denen auch kurze Abschnitte auf dem Acryglas angebracht sind, um im Inneren einen Wechsel von Licht und Schatten zu erzeugen. Die Hütte ist mit einer Trosse am Ufer verankert und erlaubt eine intensive Auseinandersetzung mit der umgebenden Natur.

Kiefernholz, Acrylglas, Polyethylenschwimmkörper, Seil

Vier
Räder

Fünf +
Räder

Kufen +

Wasser

Objekte nach Ländern

Anmerkungen

[1] Antonio Sant'Elias, Manifest der futuristischen Architektur, Lacerba, Mailand, 1914

[2] Michael Kimmelman, Boom Towns are Immigration Towns, Vortrag bei der reSITE-Konferenz 2016: Cities in Migration, Prag, 2016

[3] International Organization for Migration, World Migration Report 2015. Migrants and Cities: New Partnerships to Manage Mobility, in Frankreich gedruckt durch die Imprimerie Courand et Associés, 2015, S. 25

[4] s. o., S. 27

[5] Building Resilience to Natural Disasters: A Framework for Private Sector Engagement, World Economic Forum, The World Bank, United Nations International Strategy for Disaster Risk Reduction, Genf, 2008, S. 5

[6] Nach jüngsten Angaben des US Census Bureau hat sich die Grundfläche pro Bewohner in einem Neubau von 47,06 qm auf 91,11 qm erhöht, bezogen auf den Medianwert der Häuser. Siehe: https://www.aei.org/publication/todays-new-homes-are-1000-square-feet-larger-than-in-1973-and-the-living-space-per-person-has-doubled-over-last-40-years/ Zugriff am 11. Oktober 2016

[7] Oliver James, Affluenza: When Too Much is Never Enough, Vermilion: Random House Group, Großbritannien, 2007

[8] Shamubeel Eaqub und Selena Eaqub, Generation Rent: Rethinking New Zealand's Priorities, Bridget Williams Books, Juni 2015

[9] Melia Robinson, College Student Built a £10,000 Tiny Home Instead of Living in a Dorm, siehe: http://uk.businessinsider.com/college-student-builds-tiny-house-2016-1 Zugriff am 10. Oktober 2016

Abbildungsnachweis

Phaidon Verlag
Maybachufer 24
12047 Berlin

phaidon.com

auf Deutsch erstmals erschienen 2017
© 2017 Phaidon Press Limited

ISBN 978 0 7148 7488 3

Alle Rechte vorbehalten.
Diese Publikation darf weder im Ganzen noch
teilweise reproduziert, in einem Datenabfrage-
system gespeichert oder in jeglicher Form oder mit
beliebigen Mitteln übertragen werden, sei es elektronisch, mechanisch, durch Fotokopie, Aufzeichnung
oder anderweitig, ohne die vorherige schriftliche
Zustimmung durch Phaidon Press Limited.

Herausgeber: Virginia McLeod
Redaktion: Virginia McLeod
Redaktionsassistenz: Henry Martin

Bildrecherche: Annalaura Palma
Produktionsverantwortliche: Leonie Kelman

Verantwortliche Herausgeberin (deutsche Ausgabe):
Capucine Coninx

Design: StudioKanna

Übersetzt aus dem Englischen von Michael Auwers
für Cillero & de Motta.

Gedruckt in Rumänien